民国大师哲学笔记

伊宁　编著

中国纺织出版社

内 容 提 要

本书主要介绍季羡林、冯友兰、梁漱溟、李叔同、胡适、林语堂、金岳霖、梁实秋等大师的逸闻趣事，以及他们在学术上的妙语灵思，生动地再现民国一代名流的卓绝文采。大师用他们智慧的思想去观察、探究、感悟人生，并将真谛与我们分享。

图书在版编目（CIP）数据

民国大师哲学笔记 / 伊宁编著. ——北京：中国纺织出版社，2015. 4（2023.4重印）

ISBN 978-7-5180-1195-7

Ⅰ.①民… Ⅱ.①伊… Ⅲ.①哲学-中国-通俗读物 Ⅳ.①B2-49

中国版本图书馆CIP数据核字（2014）第256857号

策划编辑：郝珊珊　　特约编辑：张烛微　　责任印制：储志伟

中国纺织出版社出版发行

地址：北京市朝阳区百子湾东里A407号楼　邮政编码：100124

销售电话：010—67004422　传真：010—87155801

http：//www.c-textilep.com

E-mail：faxing@c-textilep.com

中国纺织出版社天猫旗舰店

官方微博http://weibo.com/2119887771

永清县晔盛亚胶印有限公司印刷　各地新华书店经销

2015年4月第1版　2023年4月第2次印刷

开本：710×1000　1/16　印张：14

字数：121千字　定价：42.00元

前言

“大师”二字的释义，字里行间都透着一股郑重：在某一领域有突出成就、德高望重的人。且自封的不算，要公认，要世人皆认可，提起一个名字，人人都不由自主地在其后加上“大师”二字，那才算是地道的大师。算起来，从古至今能配得起“大师”二字的人，着实不多。大师不同于圣贤，圣贤以上是神明，而大师以下则是我们寻常众生。圣贤几乎从不出错，而大师包含在众生里，他们领悟了通往“完人”的真谛。

哲理在大师的灯里，也在我们的顿悟里。所有哲理归根结底，都有一副朴素的容颜。那些看似高深的命题、烦琐的辩证过程，都将归结为一些老掉牙的字眼，像善良宽容，诚实友爱，诸如此类。这些字眼从不花哨，花哨的是这个让人眼花缭乱的世界。字眼们守在嘈杂的世界里，安静地等待着和我们的心灵接洽，等我们剥开尘世浮华的外衣，剥下一层欲望，剥下一层贪婪，再剥下一层苦恼。等我们剥下种种负累，重重纷扰，那些朴素的老套字眼，就会带着最强大的力量，驻扎进我们心里。然后它们会指挥着我们的心，重新看清这世界里深藏的诸多美好。指挥着我们打起精神，发自肺腑地歌颂着我们的人生、生活、世界。

在这书里，哪怕你只看见了大师模糊的剪影，哪怕你只读到了只言片语，哪怕只有一闪而过的心动，但这剪影、这片语、这心动倘若给你过感悟，也请郑重记下。人生是一本厚重的笔记，让它丰盈起来的，恰好是这或短暂或深刻的感触的点滴叠加。等到了岁月深处，重新翻开你的人生笔记，一定会有某一时刻，你会由衷感恩：这一生里，有无数次，我曾深深地被打动过。

大师用他们智慧的思想来观察、探究、感悟人生，并将真谛与我们分享。冯友兰和我们分享了他在破解人生这道谜题时的种种感触；梁漱溟和我们分享了他在参透人心时所得的真谛；胡适求证了漫长人生旅程里的种种可能；季羡林看透了人生并无完满；超凡的李叔同规劝世人如何在喧嚣的凡尘里炼就一颗初心；林语堂的哲理从来不沉重，他倡导快乐的人生，并致力于研究在这苦短的人生里，如何过得快乐；金岳霖虽然毕生研究理性至上的逻辑学，但并不妨碍他把自己朴素的人生活出了一道道哲理；和金岳霖的童真不相上下的是梁实秋不像话的浪漫，住在雅舍里，过着雅生活，但他仍然记得，情理相依傍，这雅兴才能更悠远绵长。

总之，在这本书里，你可以用心地咀嚼大师的人生至理，并从中有所体悟。

编著者

2014年11月

目录 CONTENTS

第一卷　季羡林：不完满才是人生

第二卷　冯友兰：人生是道解不完的谜题

第三卷　梁漱溟：生有涯，而人心参不尽

第四卷　李叔同：凡人亦能炼天心

第五卷　胡适：人生是一个漫长的求证过程

第六卷　林语堂：做个途经尘世的快活过客

第七卷　金岳霖：地上生活浪漫情，云端分析理性魂

第八卷　梁实秋：情理相互依傍的人性，比生命更长

第一卷 季羡林 不完满才是人生

抛去外界的浮名不谈，归根结底，季羡林不过是个一生都不怎么完满的平凡人。一个耄耋之年的老人，一个命运几经坎坷的老者，将近一个世纪的生命历练给他带来了怎样的冥思？名利、学识、地位……哪些是他用一个世纪的光阴锤炼的“真金”？哪些才是最值得我们去学习和膜拜的？在厚重的生命沉思面前，语言是最无力的表达。如果非要对这个问题刨根问底，季羡林，这个将要百岁的大师给予我们的人生寄语只有一个字：真。对亲人，要付出真爱；对朋友，要付出真义；对工作，要施以真心；对人生，要甘洒真情。

以真示人，除去虚假的遮掩，才能换来他人的热心肠和真性情。但是，想做到这点，谈何容易？

季羡林在6岁的时候离开家乡外出求学，他忘却贫困的出身，以坚强的意志和不屈的精神，完成了在别人看来很难完成的学业。此后，他走上讲台，教书育人，一场大难却在不期间坠落，“牛棚”便成了他生命中难以泯灭的印记。苦难最深处也是离死亡最近的地方。这个自语极倔的老人，在经历过多次折磨之后，也动过自杀的念头。但在一次批斗后，他竟然“意外地”挺了下来。“这我都能忍受，还怕什么呢？”于是，季先生便不再寻死，这一“挺”，生命就再也没有倒下。即使，那时候的活比死亡更加艰难。

季先生在人生最艰难的时刻得到了几个朋友的帮助，虽然仅仅是几个微不足道的动作和细节，但在那样的环境下已实属不易，对此季先生也铭记终生。这也成为他交友的重要准则：危难时刻出手相助的人才是真朋友，真心才能换来真情意。

当阴霾过去，原本失去的东西又重新回归的时候，短暂的喜悦过后是长久的淡然。他把倒霉和转运这两件事看得很淡，他明白，即使一个人再辉煌，也有跌入低谷的时候。“三十年河东，三十年河西”，生命不可能总是一帆风顺，看似偶然的灾难令人猝不及防，但这“偶然”对于生命来说，也是某种“必然”，于是承受。承受不是艰难的忍受，而是豁然的接纳，生命因此更加充实和不可战胜。

面对那些曾经伤害过自己的人，“官复原职”的季先生原本“有能力”进行反击，但他说：他们中的很多人也是身不由己，不报复他们，也是在原谅自己，因为自己曾经是他们中的一员。

一切又都重新好了起来，工作得以顺利进展，学术研究再现第二春。很多事情在发生变化，不变的是季先生严谨的治学和研究态度：实事求是、一丝不苟、鼓励创新、务实不务虚。事业和名望上的辉煌没有让季先生忘乎所以，他依然觉得自己是个平常人，有着每个人都有的情感：爱妻子，爱母亲，爱他那只跟随了自己多年的老猫。

这不完满的一生给了季羡林无数的智慧启迪。他把这些智慧记录下来，传送世人，不过是想让人明白，既然事事不完满，不如我们淡然处之，凡事看开。

第一章 知足知不足,有为有不为

活着是上天给予的一种恩赐

在季羡林看来，从古至今都不存在一个百分百完满的人生。所以他说，不完满才是人生。从古人的诗词、民间的谚语里我们就不难看出其中的道理。像“人有悲欢离合，月有阴晴圆缺，此事古难全”“不如意事常八九，可与人言无二三”。无论是达官显贵，还是平民百姓，这条真理在一切人身上都适用。

人人有本难念的经，就连稳坐龙位的皇帝都有他的难言之隐：虽然表面上看，皇帝能够为所欲为，操控天下，但与此同时，皇帝们也要承受着宫廷内部的残酷争端，他们“最怕一旦魂断，宫车晚出。”就连史上那些英明神武的君王都曾梦想着超越生死，长生不老，妄图永保皇位。

帝王且有不如意之事，更不要说我们这些平头百姓了，命运织就一张疏而不漏的网，让我们无所逃于天地之间，我们的人生还谈什么完满呢？当我们明白了这个平凡的真理，也就能够看开，活着本身就是一种恩赐，月虽有阴晴圆缺，但至少活着的我们曾见过它圆满时的美景。人有悲欢离合，虽不能常相见，但至少活着的我们尚且能够彼此想念。所以说，活着本身，就是一种天大的恩赐。

在季羡林走过的几十年漫漫长路中，酸甜苦辣都曾经经历过。喜事是自己的事业与学业得到越来越多人的认可，在国际上也是德高望重的权威。苦事是曾经遭受过迫害，人生最苦闷最无望的阶段也是在那个时候。那时的季羡林觉得自己仿佛已经无路可走，看不到丁点儿的希望，但他没有放弃，撑过去了，人生便多出一条路。

等到季羡林一路这样走来，纵然有万般无奈，也终于将人生看开。万念俱灰时的那些自杀的念头，再也不会冒出来。彼时的季羡林经历人生重重风雨，已经相信人生总有路可走，相信问题总有解决的希望，很多“不可能”就会变成可能，许多问题都会迎刃而解。活着就是一种恩赐，后来的他便学会了珍惜这种恩赐。

很多时候，人生并不是因为拥有全部而获得幸福，有时虽然不够完美，却在残缺中获得意外的惊喜，生命也因此迎来无限转机和希望。当我们有了这种觉悟，便会生出感恩的心，便有了勇气和智慧勇敢地正视与面对人生的不完满。有时，过于顺利和完美，反而会令我们感到乏味，以致心生厌倦，不再珍惜。亚历山大大帝因为没有可征服的土地而痛哭；喜欢玩牌者若是只赢不输就会失去打牌的兴趣。西方谚语说：“你要永远快乐，只有向痛苦里去找。”你要想完美，也只有向缺憾中寻找，最辉煌的人生也有阴影陪衬。当你感觉到缺憾，你就体会到了人生五味，而这就是季羡林说的不完满中的完满，这就是真实而完整的百味人生。

知己不足，而后晓天下

懂得了人生的不完满，学会了知足，已经能够让我们向幸福人生靠近一大半。但光有这种知足还不够。要想更透彻地体会这个世界，体悟我们的人生，我们还要知自己的不足。

季羡林曾经写过一篇名为《反躬自省》的文章，里面提到，知己的不足，要从认识自我开始。他以自己为例，开始剖析。他说，自己并不是天才，也不是蠢材，资质中等，喜爱绘画和音乐。但中学的时候，他的绘画水平已落后其他同学，他也曾深深地为此伤心无奈。季羡林觉得自己是个谨小慎微、性格内向之人，有自己的私心，但也会为别人着想。曾经犯过错误，伤害过一些人，但在大是大非面前，却会挺身而出，不计较个人利害。所以，整体来讲，季羡林觉得自己是个好人，是个讲原则的人。因此后来，当他发表了那些感悟人生，探讨天下的人生哲理时，才能够让世人信服和学习。这就是“知己不足”的力量，这力量不仅让季羡林看透了自己，也看透了世界。倘若我们普通人也能够常常做到“知己不足”，在这过程里会有怎样的收获，自然可想而知。

人们常用“自省”这个词来警示自己、提醒他人，但是对“省”的真正含义或许并未全然知晓。省有两解：一解为省悟，一解为反省。先有省悟，后有反省。省悟是自我认知的过程，反省则为自我检查之意。但是，并不是每个人都能像季老这样清晰地认识自己。

认识自己历来就是最难解决的命题之一，这需要一定的方法。庄子给出的方法就是“心斋”，季羡林他的著作里记述了这样一个故事：一日，孔子弟子颜回对孔子说：“老师，我想出去做事，除暴安良，接济贫苦人民。”孔子却说：“你现在不能出去，你还不成熟，过于浮躁，还没有认清自己，做什么事都不会成功，你还是先去斋戒吧。”颜回就说：“我从小家里就穷，很少吃肉喝酒，这算不算斋戒呢？”孔子说：“你指的是祭祀上的斋戒，我说的是心的斋戒。在生活中，你不仅要通过耳朵去听，还要通过心和气息去感受，将感受到的气息回归内心，形成自我认知，这就是心斋。”

著名学者于丹说：“我们每个人的眼睛都有向外发现和向内观看两种能力。向外可以发现一个无比辽阔的世界，向内可以发现一个无比深邃的内心。”她说的这段话就是心斋的另一种解释，也是认知自己的一种独特方式。认清了自己，便可获得一个更广阔的人生境界，收获也可更加丰盈。

同时，认清自己就可进入自省的第二层意境：反省、自我检查。《论语》里曾子说："吾日三省吾身，为人谋而不忠乎？与朋友交而不信乎？传不习乎？"宋代的朱熹也说："日省其身，有则改之，无则加勉。"其意皆在反省。反省可"自知己短"，弥补短处，纠正过失。"人无完人，金无足赤"，反省自己是十分必要的。有人也会怀疑反省的作用，认为反省并不见得有多大作用。但是，真正懂得反省的人，经过它的荡涤，日臻完善。

完满之事古难全，不如淡然

但凡能彻底觉悟"人生是不完满的"这个平凡哲理的人，通常都是经历过人生悲喜，将世事看开的人。人间万象已看过，练就了不惧不喜的心态，凡事都能够淡然处之。

当一个人从最初的少不更事到历经沧桑之后的宠辱不惊，从少年、中年到老年，变化不仅仅是时间，更是一个人历经世事之后的处事态度。从最初的浮躁、火暴与不安，转变为后来的淡定、从容和平和，是心境的转变，也是人生态度的转变。季羡林就是这样的人。

他曾经在文章中将“纵浪大化中，不喜亦不惧”这两句诗形容为自己的座右铭，他对这个座右铭的解释是“随遇而安”，是面对任何事都平和地对待，不大喜不大悲。在他眼中，一切仿佛浮云，再激荡的情绪，也可以用随和平稳的态度表达。季老经历过少小的困苦，学业的突飞猛进，也遭受过巨大的人生打击。曾经的痛苦无以言表，但这一切终究还是过去了。

这一切对季羡林而言就是厚重的人生积淀，是他继续活下去，而且活得更好的资本。而到了晚年，这积淀或许就是季老的淡然一笑，是面对即使天大的事情也不会情绪奔涌的平常心。以平常的心境对待事物，生命才能达到祥和。

因为了解人生的不完满，才能够有淡然的平常心。拥有平常心并不是始于今人，古代圣人也是如此。孟子一生思想不为当世君主所接受，还受到各种中伤。但他为人豁达，只一句“行或使之，止或尼之，行止非人所能也”。意思是我的思想如果可行，那么自然会被推行。如果行不通，我自己也会见势而止。而行得通或行不通则不是人力可以安排的，这需要靠天意了。这句话体现了孟子的人格魅力，即“达则兼济天下，穷则独善其身”的精神。得机会，救天下，救国家，救社会；不得机会，则自己修身养性，一切处之泰然。人的一生不可能一帆风顺，也不可能充满苦难，总是在得意与失意之间游走，患得患失就会永无宁日，这样的人生是可悲的。因此，面对人生的荣辱，何不以平常心处之？

平常心不是漠视，而是以尽可能平淡的心情面对已经发生的事，这会让痛苦尽快消退，让欢愉不冲昏头脑，生命也会在一种宁静、自然的状态中存在，这也就是季羡林所推崇的“纵浪大化中，不喜亦不惧”。所以，用平常心面对一切，当你能够了解人生的不完满，因为这份不完满，经历了很多人生悲喜之后，持一份淡然心境，在宁静中感受至美，在平常中体会永恒。

第二章　不能糊涂，不如糊涂

被动得生之为人，清醒得走完一世

季羡林在他的文章《人生》中说："像我这样一个平凡人，吃饱了饭没事儿的时候，有时也会想到人生问题。"人生在季羡林看来，是完全被动的。没有哪一个人能先制订一个诞生计划，然后再落生，一步步让计划实现。

季羡林说，凡吾辈凡人的诞生，无一例外，都是被动的，一点儿主动也没有。我们稀里糊涂地降生，稀里糊涂地成长，有时也会稀里糊涂地夭折，当然也会稀里糊涂地长寿着，就像他自己一样。就连死，在季羡林看来，也是完全被动的，除了自杀的人有一点主动权之外。但这主动权他也不提倡随便用。

所以总结起来，季羡林认为人生就是被动地生，糊涂地过下去。但是在这被动中，糊里糊涂中，我们却还是能够有所作为的。季羡林劝诫人们，不妨在吃饱了燕窝鱼翅之后，或者在吃糠咽菜之后，或者在卡拉OK、高尔夫之后，问一问自己：你为什么活着？活着难道就是为了恣意地享受吗？难道就是为了忍饥受寒吗？季羡林说，问了这些问题之后，会使你头脑清醒一点，会减少一些糊涂。

今朝有酒今朝醉地恣睢享受，上下求索的忍饥耐寒，都不算完全意义上的有所作为。苏东坡词中有句话说得好：“谁道人生无再少？门前流水尚能西。休将白发唱黄鸡。”当我们的人生接触到了“再少”，或许可以从中寻一丝清醒。

“再少”当然不是只肉体上的返老还童，因为时间是不能倒转的，一个人体力再好、身体再棒，也不可能有如此神力。所以季老将“再少”理解为一种突破年龄限制、身体限制甚至环境限制而努力工作的精神状态或生活态度。

有人问季羡林算不算是“清醒”，季羡林说：“我自己不敢说。反正我从来不敢懈怠，从来不倚老卖老。我现在既向后看，回忆过去的九十多年；也向前看，看到的不是八宝山，而是活过一百岁。但是，我并不是为活着而活着。活着不是我的目的，而是我的手段。”

所谓活着不是目的，而是手段，说的就是不糊涂着活，要超越着生。季老不敢称自己是“再少”的老人，但他绝对是尘世里少有的清醒之人。

季羡林常说每个人离死亡都是等距的，人们对自己的生死大事是没有多少主动权的，但是，不论人生有多被动，我们都要从中寻求一丝清醒，倘若一味糊里糊涂地混日子，拥有再多的时光也是徒劳。

清醒的人生，应该是以人生为手段，利用有生之年，把时间利用到极致，争取尽可能多地作为。走运时，就把握运势，争取做事业；不走运时，寻求突围，争取做强者。年轻不依赖年轻肆意挥霍，年老不躺在老字上无所事事，这一生也算是清醒了。

姻缘糊涂派：韶光用在刀刃上

缘分和命运，在季羡林看来，也是两个糊涂的词。他觉得，缘分和命运，既不能全信，又不可不信。他在文章中列举了一个非常简单的事实：只要你把你最亲密的爱人，同自己相遇的过程仔细回想一遍，便会发觉，这里面包含了一场“缘分和命运”纠缠的糊涂账。你们两个人，从最初的相遇开始算起，一个生在天南，一个生在海北，中间经过了不知道多少偶然的机遇，有的机遇简直是稍纵即逝，稍一不小心就会擦肩而过。但你们终究没有错过，到底走到了一起，这就是普通百姓所认作的缘分和命运。这种情况，是任何人都否认不了，解释不了的。

北大中文系有个毕业生，名为欧阳旭，曾经邀请季羡林等前辈到北京西山的大觉寺剪彩。原来他下海成了颇有成就的企业家，因为是书生出身，念念不忘为文化做贡献。他在大觉寺里创办了一个明慧茶院，以弘扬中国的茶文化。季羡林很是疑惑，一个年轻有为的小伙子怎么会到深山里搞这么一个茶院呢，欧阳旭微笑回答：“缘分！”原来在这之前他携伙伴郊游，黄昏迷路，撞到大觉寺来。爱此地之清幽，便租了下来，加以装修，创办了明慧茶院。

可见缘分一事，是说不清道不明，糊里糊涂的。尤其把缘分一事放到婚姻里，更是一笔糊涂账，没有道理可讲，更加没有道理可循。对于爱情这种不可名状的事，季羡林说自己也不能说得十分清楚的话，他必须要谈恋爱以至结婚，这才是“人间正道”。但是千万不要浪费过多的时间，去研究这过程中的玄机，以至于终日卿卿我我，闹得神魂颠倒，处心积虑，不时再闹点小别扭，学习不好，工作难成，最终还可能是竹篮子打水一场空。到时才真的是犯糊涂了。

既然爱情、婚姻中的缘分和命运都是不能够说清楚的，糊涂的，所以季羡林就主张，把时间都节省下来，用在刀刃上。虽然他也并不提倡两人“一见倾心”，立即办理结婚手续。因为两个人必须要有一个相互了解的过程。这过程不必过长，因为要把余出来的时间用到刀刃上，搞点事业，为了个人，为了家庭，为了国家，为了世界。

季羡林的婚姻观是朴素的，从这份朴素的婚姻观里，我们所能借鉴的是，爱情不必全情投入，因为缘分机遇这些事，都不是人力所能为之，只要努力做好自己，接下来便等着上天分配给你一份怎样的姻缘。比爱情和婚姻更宝贵的，是时间，是美好的世间，我们应该趁着时间充裕，用心地去多品味这个美好的世间，而不是将感情孤注一掷，全部放在爱情上，那必将是得不偿失的一件事。

凭心论毁誉，不煮糊涂粥

以一时的功过评判一个人，是错误的，也是糊涂的。

无论怎样的人，不管他是一代伟人还是平常之人，都不能以一时的功过得失评价他，这是许多有识之士的观点，也是季老的观点。季老觉得，人的一生是漫长的，每个年龄都是整个生命历程中的一个阶段。这个阶段犯了错误，不等于下个阶段还会犯同样的错误，也就是此时错非彼时错，此时对也不能代表彼时对。看待一个人要全面、细致，要用长远的眼光看到全局，不能糊糊涂涂，以一时的荣辱评判一个人。

明朝的冯梦龙也曾警告世人："不可以一时之誉，断其为君子；不可以一时之谤，断其为小人。"其主旨在于看人不可以偏概全。想要做到这一点并不容易，所以《大学》里有云："好而知其恶，恶而知其美者，天下鲜矣。"而孔子却做到了这一点。

而且还有这样一种可能：一时的荣辱有时是假象，当事者因为某种原因身不由己。

《绎史·卷九十五》中再次记载了关于孔子弟子公冶长的故事，传说公冶长善辨鸟语。他生活贫困，经常没有粮食吃。有一次，一只鸟飞到他的房前，大声对他鸣叫着说："公冶长！公冶长！南山有个虎驮羊，尔食肉，我食肠，当急取之勿彷徨。"公冶长听了之后，马上跑到南山，果然看见一只被虎咬死的山羊，于是拿了回来。后来，羊的主人在公冶长家里发现了羊角，就认为是他偷了羊，把他告到鲁国国君那里。公冶长将事情的经过说了一遍，但鲁国国君不信他懂得鸟语，将他关进了监狱。而孔子知道他的秉性，为他向国君申辩、求情。鲁国国君没有理会。孔子叹息着说："公冶长虽然在监狱里，却是无辜的啊。"

过了几天，公冶长在狱中，听到上次那只鸟又叫道："公冶长！公冶长！齐人出师侵我疆。沂水上，峄山旁，当亟御之勿彷徨。"他听后，马上将此事报告给了国君，国君仍然不相信他的话，但还是派人前去查看，结果真的发现了齐国的军队，于是发兵突袭，取得大胜。因此释放了公冶长，并给了他很多赏赐，还想让他做大官，公冶长坚辞不受，因为他觉得凭自己懂得鸟语获得官位是一种耻辱。

孔子谈到公冶长，说他虽被关押，却是无辜的，之后还把自己的女儿嫁给了他。当时，孔子已经赢得了普遍的社会声誉和身份地位，他不以公冶长一时的灾祸武断地评判他的一生，足见其智者和圣人的秉性。将女儿嫁给他，更显出孔子的胆识，他的这个决定，在当时实属难能可贵，放在今天，也需要非凡的勇气。

孔子的言行给我们的启示是：生活中，不要戴着有色眼镜看人。不能因为某个人犯过错误，就觉得他以后还会犯同样的错误。很多时候，污点不是他人身上带的，而是无法摆脱偏见的我们强行给他带上的。“士别三日，定当刮目相看。”记住这句话，用长远的、全面的眼光看人。

小不忍则犯大糊涂

说到容忍，季羡林在《感悟人生》里提到一件让人啼笑皆非的事。说的是普希金，因为和人打架而丧失性命。季羡林认为因为少了一点点容忍度，而把性命丢了，实在不应该。所以他说，容忍确实是一件好事，甚至是一种美德。

不管是在家庭还是社会里，总要有一点容忍，人才能活得安生。季羡林讲，唐朝有个姓张的大官，家庭和睦，美名远扬，一直传到了皇帝的耳中。皇帝赞美他治家有道，问他道在何处，他一口气写了一百个“忍”字。其中的“道”已然非常清楚：家庭中要互相容忍，才能和睦。这个故事非常有名气，以至于在旧社会里，新年贴春联，只要门楣上写着“百忍家声”就知道这一家一定姓张。

但是在季羡林看来，容忍也不容易。1935年的时候，季羡林乘火车经过苏联前往德国，火车经过中苏边界上的满洲里，停车4

小时，由苏联海关检查行李，这本是无可厚非的事，入国必须接受检查，这是世界公例。但是，让季羡林不能容忍的是，一位苏联海关人员竟然揪住他在哈尔滨买的一把壶嘴粗糙的铁皮壶，怀疑里面装了炸药，检查起来敲打不止。这让季羡林很生气，有点容忍不了，想发火，却被旁边的一位外国老者悄悄拉住，说了一句："容忍是很大的美德。"仅仅这一句话，就让季羡林心平气和，天下太平。

如果此时他发了火，轻则起争执，严重者，则有可能牵涉两国立场。可见，倘若一件小事忍不了，则大有可能犯大糊涂。普希金的事件就是最好的证明。

季羡林后来到了德国之后，发现那里还流行着旧时欧洲决斗的风气。谁污辱了谁，尤其是谁的情人，被污辱者一定要提出决斗，或用手枪，或用剑。普希金就是在决斗中被枪打死的。于是季羡林几个留学生就相互约好，不管外国人如何污辱我们自身，都一定要容忍，克制自己。季羡林能对自己立下这样的准则，可见对自己的要求是极高的，也正因如此，他看了现在中国人的容忍水平，表示很气愤。不仅连对不起都不会说，动辄还要相吵相骂，打架滋事。所以季羡林在心中暗暗祈愿，希望容忍这个美德，能够早日回到我们这个伟大的民族中来。

在自己的生命历程中，季老也曾经受过不公正待遇，被人污蔑、打骂，其中心酸无人诉说。但当浩劫过去，回首那段往事之时，面对那些伤害过自己的人，季老没有选择报复，而是容忍以待之。

容忍是一种幸福，我们容忍别人，不但给了别人余地，也赢得了别人的信任和尊敬。容忍更是一种财富，让人生豁达，让人更有涵养。

当时间飞逝，岁月变迁，不管经历什么，我们依然能像故事中人物以及耄耋之年的季老一样容忍以待人，保持人与人之间的协和，不因容忍不了而犯大糊涂，这样的话，生命自会丰盈而逍遥。

第三章　人心如镜,映照百相人间

孝为先，别冷落了人间第一爱

中国是世界上最为强调“孝”这项美德的国家。虽然世界上其他国家也都存在“孝”的概念和行为，却都不如中国突出。宗法伦理色彩浓郁，是中国社会几千年来形成的特色。这是任何国家都超越不了的。

中国人常说三纲五常或者三纲六纪，哪种里都缺少不了父子这一纲。季羡林认为，原本，父慈子孝是一个对等的关系，但不知道为什么发展到后来就只强调“子孝”了，而淡化了“父慈”，因为一个人的身体发肤都是父母给的，父母如果愿意收回去都是可以的，中国的伦理道德将父母摆在一个很高尚的位置，甚至有时候觉得父母们都是没有过错的了。历代有不少皇帝昭告天下说：“以孝治天下。”自己也跟着装模作样，尽量露出一副孝子的形象。尽管中国历史上也并不缺少为了争夺王位导致儿子弑父的记载，但是那是天子的事，老百姓是绝对不被允许的。如果发生儿女杀父母的事，皇帝必赫然震怒，处儿女以极刑中的极刑：万剐凌迟。可见，不孝对于中国人来说，是罪大恶极。

在当今社会，孝这个概念显然已经淡化了，对父母不好的人数也渐渐增多，不赡养他们，甚至虐待他们的事情时常发生。季羡林认为，从大的方面讲，这不利于社会的安定团结。虽然季羡林也并不提倡愚孝，但是小的时候我们受父母的影响，没有这种抚养，儿女是活不下来的。父母年老，子女来赡养，不说报恩，也是合乎人情的。而一个没有人情味的人，永远无法建立起良好的人际关系网络，在这个社会里也是不大可能受欢迎的。

所以季羡林诚恳地希望现代的年轻人在“孝”这件事情上慎重。以为只有懂得了孝的重量，才能够深刻体悟到什么是人间第一爱。父母的爱便是人间第一爱。每个人一生下来，受到的人间第一爱就是父母的爱，父母告诉我们，人间并不是凄清而是充满温暖的，但是人间也不是时时处处都充满了温暖，当你遇到了温暖时，会想着把这份温暖分父母一份，当你遇到悲苦的事，想到父母，便又有了前行的动力。

季羡林从小就是一个失去母爱的人，这成了他心头最大的创伤。季羡林说，就算华佗再世，也无法治愈这个创伤的。他一生走遍了大半个地球，不管到了什么地方，想到他母亲，都会潸然泪下。“树欲静而风不止，子欲养而亲不待。”这是古今同恨的事，所以季羡林诚恳地呼吁世人们，珍视这人间第一爱，不辜负这份真情。

绕行，也许成功等在转角处

但凡能在大风大浪后独善其身者，往往懂得适度退让与弯曲的道理。季老就是这样的人，在遭遇人生转弯的时候，他懂得“尽人事安天命”的道理，即便暂时不能收获，暂时绕行，也能让他保持淡然心境。所以，无论季羡林一生遭遇多少波折，他的心态总是平衡的。

在20世纪六七十年代，那个动荡的年代，人与人仿佛水火不容，一种强大的力量在打压人们的身心，恐惧、压抑是人的常态。季羡林则是心怀雄志，以暂时的忍让麻痹他人，在养精蓄锐中谋划未来。

在现实生活中，放着直路不走，走弯路，无疑是个十足的傻瓜。然而，在很多时候，漫漫人生中，两点间的最短距离并非全是直线，而是曲线。什么时候应当强硬，什么时候又需要妥协，并不是一成不变的，暂时的妥协是为了将来的强硬。当前方是万丈悬崖，直走过去，不仅不能到达对面，反而会被摔得粉身碎骨。所谓“以屈求伸”“以曲为直”“以退为进”“将欲取之，必先与之”等，都是围绕着“迂”和“直”两个字做文章。

“迂”和“直”是一种矛盾，如同退与进是一对矛盾一样，二者既对立又统一。不能将后退的举动一概视为怯懦和软弱，在无法前进的情况下，适当地后退或者走走弯路，往往是一种必要的、理智的行为。

刘备、诸葛亮火烧博望坡后，曹操发兵数十万，以曹仁为先锋，大举南下，兵锋直指刘备的屯兵之地——新野。根据诸葛亮的提议，刘备退据樊城，同时火烧新野击败曹仁。鉴于刘表已死，荆州新主刘琮投降曹操，刘备集团失去了后盾，诸葛亮建议再行后退。刘备率军兵和百姓弃樊城，过汉江，退往襄阳。刘琮拒不接纳刘备入城，诸葛亮主张向江陵撤退。由于刘备不肯舍弃跟随的百姓，退却的速度很慢，致使江陵被曹操抢占。刘备与诸葛亮等商定后，全军退往汉江与长江的交汇处——夏口，取得了休养生息、壮大力量的机会。

在休整兵马、加强防备的同时，诸葛亮乘孙权派鲁肃来夏口探听虚实之机，随鲁肃到江东，一番游说，孙刘结成联盟，在赤壁大破曹军，实现了刘备打败曹操的目的。曹军败退后，刘备集团得以长驱大进，夺取了荆州，半生漂泊的刘备终于得到了一块真正属于自己的地盘。可见，在前进受阻时，退后一步再图进取，往往能相对容易地达到目的，这就是以退为进。如果刘备不从新野、樊城主动后退，不仅无法打败曹操，而且会使刘备政权无法继续生存下去。

相比之下，南下的曹操却只知进取，不懂后退。当他进到长江边上，兵马虽多，但都已疲惫不堪，已是“强弩之末，势不能穿鲁缟”。本该停顿下来或稍稍后退，但曹操仍然劳师远征，试图将孙权、刘备一举消灭。结果在赤壁以众败寡，狼狈至极。赤壁一战后，曹操不得不退回中原，终其一生，到底未能消灭孙权和刘备。

由此可见，处理好退与进的关系对成功来说多么重要。古代哲学家老子提出“进道若退”，他力主以柔克刚、以退为进。无论什么场合，无论是胜利后的绕行还是失败后的退却，只要“绕行”仅是手段，而不是最后目的，只要有利于整体目标的实现，“绕行”又何尝不是上策呢？如同季老那样，在严峻的形势下，暂时地绕行，走走退路，是在为以后的成功埋伏笔。因此，学会以退为进，学会迂回战术，成功或许离你就不再遥远。

人生无欲品自高

季羡林曾说过，他不喜欢在名利场上你争我夺，他不是那样的人。怎样才算享受生命大自在，是处于高位，拥有财富无数，还是安然自得，无欲无求地享受每一天？对于这个问题，每个人都会有不同的看法，季羡林认为，无欲无求才是真。

他在文章中多次提到，自己并不完全是个没有欲念的人，尤其是在年轻的时候，也拥有一颗世俗心。但到了晚年，经历了大风大浪的洗礼后，季羡林也渐渐淡然起来。不再关心名利，也不再拥有诸多欲望，而是将更多的精力放在写文、饮茶、养花、戏猫这些事情上，真正地享受着生命的乐趣与逍遥。晚年的他虽然身体虚弱，但也因为没有过多的欲望消磨精力，他在精神上又是强大和饱满的。这不禁让人想起一个词——“无欲则刚”，意思是，一个人如果没有什么欲望的话，他就什么都不怕，会变得很强大了。

所以精神上清净的季羡林战胜了身体的羸弱，也进入了生命的大逍遥和自在。这也劝诫我们，为人处世要少一些欲望，多一些清净，只有这样才能无欲则刚。

当然，许多事情都是说起容易做起难，和尚在寺院里修炼一辈子，没有一个不想成佛的；道士整日闭关打坐，没有一个不想成仙的，可见虽然“无欲则刚”，但要做到“无欲”是一件多么困难的事。

“欲”，实际就是一种生活目标，一种人生理想。古人常言：“海纳百川，有容乃大；壁立千仞，无欲则刚。”这是对山河雄伟的赞美，说明海的大、山的挺拔。也可比喻人的胸怀宽广、大度，即要有宽容的性格，又要为人正直，不要有任何的私欲，要大公无私，方可站得稳、行得正，无私则无畏。

有一则寓言，说的是有位书生准备进京赶考，路过鱼塘时正巧渔夫钓了一条大鱼，这位书生便问渔夫是如何钓到的。渔夫得意地说，这当然需要一些技巧，刚开始因鱼饵太小，大鱼根本不理我，于是我把鱼饵换成一只乳猪，没一会儿大鱼就上钩了。书生听后，感叹说，鱼啊，鱼啊，塘里小鱼小虾这么多，让你一辈子都吃不完，你却挡不住诱惑，偏要去吃渔夫送上门的大饵，你是因贪欲而死啊！

读完这则寓言，想想现在的一些人，对待名利，就像大鱼看到了快到嘴边的乳猪，生怕咬晚了被他人叼走，拼死奋力地抢夺。有的沽名钓誉，弄虚作假；有的跑官、买官，不择手段；有的见钱眼开，唯利是图；有的追求享乐，腐化堕落……老子说得好，“见谷而止为德”。邪生于无禁，欲生于无度。手中有权者一旦忽略了世界观的改造，而“疾小不加诊，浸淫将遍身”，到头来必然出大事，栽大跟头。

有求与无求本是不可分割的统一体，能否正确对待有求与无求，反映了一个人的思想品德、人格情操的高尚和低下。品德高尚的人，名利上无所求，事业上却是生命不息，奋斗不止；品德低下的人，看重的是名利地位，追求的是个人利益，一旦满足不了个人私欲，工作上就怨天尤人，不思进取。

清人陈伯崖曾说过：“人到无求品自高。”他所说的无求，并不是前面有些人所说的，在工作、事业上缺少追求，甘居人后，而是告诫人们，在面对名利和低级趣味的生活时，要无所求，对待事业和人生却需要孜孜不倦地追求。有所不求才能有所求。

“无欲则刚”“淡泊名利”，这才是无求的最高境界。碌碌无为，不求有功但求无过是庸人的哲学。一个人只有抛开名缰利锁和低级趣味的困扰，去追求高尚的事业和完美的人生，才能胸怀磊落、大展宏图，有所作为。

世间百态，万变不离礼节

富者有礼高贵，贫者有礼免辱，父子有礼慈孝，兄弟有礼和睦，夫妻有礼情长，朋友有礼意笃，社会有礼祥和。

“礼”自古是中华民族倡导的优良美德，中国被称为“礼仪之邦”，“礼”自然成为我们每个人应该具备的行为规范。但季老在一篇《谈礼貌》的文章中贬斥了当今社会的一些“无礼之举”。季老说，几年前，他腿脚还灵便时，是公共汽车的常客。他经常会在车上看见吵架甚至打架之人，而理由无非是谁不小心碰了谁一下，或踩了谁一脚，季老就发出这样的疑问：“这样的事情也值得大动干戈吗？”

季老说还曾经看过一个由外国摄影家拍摄的介绍北京的专题片，在将北京的名胜古迹介绍给世界人民的同时，竟然有“一个光着膀子的胖大汉子骑自行车双手撒把做打太极状，飞驰在天安门前宽广的大马路上，给人的形象是野蛮无礼”。对于这种行为，季老气愤之极。人必自爱而后人爱之，在季老眼中，没有礼貌是目中无人、自私自利的表现，所以告诫我们年轻人一定要以礼为重、以礼修身、以礼为人。

胡适先生曾提及，孔子非常重视待人的礼貌、礼节。他时刻要求自己和弟子注意自己的行为，务必对别人做到以礼相待。孔子曾说："出门如见大宾，使民如承大祭。己所不欲，勿施于人。在邦无怨，在家无怨。"意思是说，走出家门如同会见贵宾那样恭谨，役使百姓如同承办大祭那样敬肃。自己所不想干的事，不要强迫他人去做。这样的话，在官府任职才会无人怨恨，在家闲居也无人指责。

礼是文明的标志，也是一种修养与修为，更是做人必须懂得的准则，只有以礼待人，才会受到同样的礼遇。德国谚语说："脱帽在手，世界任你走。"有礼节不一定总能为你带来好运，但没有礼节往往使你与幸运擦肩而过。要想在纷繁复杂的世界中走得更远、更好，就要时刻注意保持礼节。

中国以礼仪之邦闻名于世，我们的先辈创建了丰富的礼仪，构成了中国文化的重要内容。然而，在当今倡导个性张扬的社会，个别人缺少礼貌修养，以致产生了许多不和谐之声。因此，要想创建和谐社会，有必要重视礼节修养，充分发挥这一社会"润滑剂"的功效。

而且，历史上的成功人士都深谙礼节之道，并由此助他们走向了成功。一个不懂得礼节的人，尽管个人能力很强，但得不到上司的认可和团队的支持，是很难获得成功的。维系人际关系特别是上下级关系，除了制度外，还需要礼节，离开了礼节，人际关系有可能会变得紧张。决定一个国家机器能否有序运行的因素，除了法制之外，也需要道德礼制，如果缺乏道德礼制，那么国家也就难以正常有效地运行。

第二卷

人生是道解不完的谜题

冯友兰

无数人曾经问过这样的问题：

人生究竟是什么？活着到底为了谁？

这无数人里，包括大师和百姓，因此答案也就百种千样，各不相同。在这所有答案里冯友兰给出的答案未必是最真知，未必是最深奥，却是最朴素的。所谓的人生真相，就在我们平平常常的寻常生活里。是粗茶淡饭，是一盏烛火，是情与理的交融，是善与恶的纠缠。去找吧，总能在这里面找到我们想要的真理。

冯友兰从不执着于真理的追寻。他以为的理想人生，都在他的理想国中，循着一条中庸的道，走得不紧不慢。“阐旧邦以辅新命，极高明而道中庸。”坚定的学术理想和中庸的人生追求，宛如两股细流，尽汇于此座右铭中。

对冯友兰而言，探索人生这道谜题，诠释的语言最好浅显，因为人生是纯粹的。探索者本身亦不可太清淡，高高在上，不食人间烟火，因为人生又何其自然。最好，便是取中庸之道一以贯之。活在人世间，从不停歇地解读人世间。

解读，其实亦是一个自我雕琢的过程。雕琢心的明朗，雕琢欲的淡泊，雕琢对幸福的感知，等等。每一层雕琢有每一层的境界。冯友兰提出的自然、功利、道德、天地这一涵盖了所有俗世之人的四重境界，便是人生雕琢的不同阶段。年少之时，冯老也曾经历不知有“我”的自然境界和只知有“我”的功利境界，但那只是人生路上一个必经的过程，他最终到达的是贤者与圣人的境界。在最高的境界，人与宇宙融为一体，因放下一切而获得一切，看似一无所有却又无所不有，以尘埃之身最终觉解浩瀚天地。这是我们永远达不到的境界，但并不妨碍在某个时候做一件这个境界里的人会做的事——正如，人类虽无法在珠峰顶生活却可以登上峰巅看一眼那里的风景。

当人生再无可雕琢，那便是超脱，像冯友兰，以宽阔的胸怀包容一切不同甚至是非议，用素有的涵养面对质疑甚至是责骂。他态度谦和，待人接物从无疾言厉色。面对无数的批判，他坦然夷然，从无愠色，即便是身心备受摧残之时，他仍然表现得“见侮不辱”。他就在这人世纷扰里，静听幸福在呢喃。

冯友兰是否把他的理想人生过得圆满，旁人无法揣测。我们知道的是，在漫长的岁月里，他从未停下前行的脚步：跨越东西方文化差异，著有一百五十万字的《中国哲学史新编》；人生的所有起落与悲喜，都云淡风轻地记录于《三松堂自序》之中。坐而论道的事他不干，用生命建筑他的理想人生，才是他的追寻。

第四章　何为人生,人生为何

人生无真相，唯有烟火寻常

很多人都曾煞有介事地问过这个问题，人生的真相到底是什么？好钻牛角尖者，甚至会把它当成大问题，庸人自扰。其实每个人的人生，都有着他自己的“真相”，有的人把人生过成艺术，有的人把人生当成一团剪不断理还乱的麻，也有人把人生当成一个过程去享受……总之无论哪种，都无可厚非。

在冯友兰看来，这个问题根本就不是问题。当我们不了解一件事情的真相，是因为我们身为局外人，不知道其中的内幕。这就好像记者访问政府要员，常常会打听政局的真相，因为非当局者，所以对真相充满好奇。但对于政府执政者而言，真相并不神秘，不过是一些举措设施，他们对此熟悉之极，从来也不会对“政府的真相”感兴趣。

冯友兰用了这个极明显的比喻来解释人生。人生中的当局者，就是我们芸芸众生。当局里的种种举措，就是我们的日常生活：吃饭、生小孩、招呼朋友、艺术家们清风明月的嗜好、制造家鬼斧神工的创造、宗教家覆天宰地的仁爱，诸如此类，都是人生。这些具体的、形象的、琐碎的细节，就是我们所追问的人生真相。

从一个人呱呱坠地的那一刻起，直到停止呼吸的那一刻为止，每时每刻、每一点思想、每一个行为举动，一切的一切都是人生，正如冯老所概括的那样：人生之真相，即是具体的人生。一个至简的答案，让坚持探寻人生奥妙的人豁然开朗。

冯友兰说，如果人们活在具体的人生里，却还要去寻找人生的真相，那就是掉进抽象的陷阱里，成了“骑驴觅驴”的笑话了。冯友兰曾经和友人谈到“抽象”时，提到过一个笑话，是说柏拉图有一次派仆人到街上买面包，仆人空手回来了，说有方面包、圆面包，就是没有面包。柏拉图说，那你买个长面包吧。但是仆人又空手回来了，说没有“长面包”，只有黄的长面包，白的长面包，没有光是“长面包”的面包。柏拉图说，那你就买个白的长面包吧，但是仆人照旧空手回来，说没有“白的长面包”，只有冷的长白面包，热的长白面包。此番下来，柏拉图终于饿死了。从这个笑话里，冯友兰总结说，人如果没有一种抽象的能力，就连话都不能说。

对于人生真相的理解又何尝不是如此呢，总要加一点抽象的理解能力进去，否则因为苦苦地纠缠于“人生的真相”，而忽略了最朴实最美丽的人间烟火，丧失了生之快乐、活着的温馨幸福，那可就得不偿失了。

最美人生，莫过相忘于江湖

何为人生？冯友兰已经给出了答案。然而，坚持不懈地探究人生的思考者们，紧接着又提出了另外一个问题：人生为何？被“目的论”笼罩的头脑，费尽心思地要为人生寻找一个目的，于是有了所谓的“人生观”“价值观”。其实，就冯老而言，“人生之目的就是生，所以平常能遂其生的人，都不问为——所为——什么要生。”

纯粹的“生”，便是最合理的答案，无需加入太多复杂的目的与功利，也无需经历刻意的修饰。人本来生下来都很朴素、很自然的，由于后天的教育、环境的影响等种种原因，把圆满的自然的人性改变了，刻上了许多花纹雕饰，反而破坏了原本的朴实。

恢复到朴实的境界，活着就是活着。人生没有什么“观”，人生就以生为目的，本来如此，这个题目本身就是答案。不要雕琢，不要苛求人生应该如何如何，其无欢喜也无悲，顺其自然。有时，人应该成为一块拒绝雕琢的“原木”，保留人性中原本的单纯、善良、

朴实的东西，不要让外在的雕饰破坏自然的本质。质朴是这个世界的原始本色，没有一点功利色彩。就像花儿的绽放，树枝的摇曳，风儿的低鸣，蟋蟀的轻唱。它们听从内心的召唤，是本性使然，没有特别的理由，一如人生而为生一样的单纯。

但身为中国哲学界的泰斗，冯友兰先生无可避免地会被问及除了“生”之外，人生更崇高、更伟大的目的。冯老无意为人生强加什么，他认为：若于生之外，另要再找一个人生的目的，那就是庄子所说：“泉涸，鱼相与处于陆；相呴以湿，相濡以沫，不若相忘于江湖。”

泉水干涸了，两条鱼为了生存，彼此用嘴里的湿气来喂对方，苟延残喘，显得仁慈义气。但与其在死亡边缘才这样互相扶持，还不如大家安安定定地回到大海，悠游自在，互不照顾来得好。“相濡以沫”，或许令人感动；而“相忘于江湖”则是另一种更为坦荡、淡泊的境界。

对于世俗之人来说，与其患难见真情，还不如根本无情，在安定的生活中，因无此需要而各不相帮，无风无浪才好，至于那些本已得享平淡恬静，却仍不安分的人，不堪一提了。

在庄子看来，混沌无知的状态，是万物最为适宜的状态。不管是什么东西，不管它与其他东西的处境是多么不同，只要是适合于自己原本真性的，它就能生活得怡然自得，以至于能达到什么也不想、什么也不知的程度，如同鱼在水里但不知道有水一样，这才是最为适宜的境界。

正所谓：世上本无事，庸人自扰之。如果说相忘于江湖是一种最佳的境界，那么执着于为自己找一个人生的目的，便已陷入了自己的心结当中。

只为生而生，以一种自然而然、无感无知的状态生活，于最适合自己的环境之中，方能实现“相忘于江湖”的惬意、实现本真人生。

理智为先，妥帖了荒芜人生路

既然有欲，那必须要靠理智从中调和，万事才得以成方圆。

欲望，一个原本平凡无奇的字眼，因人类面对时所产生的极端态度，而变得让人又爱又恨，一如人们对待金钱一样。它一方面是人们不懈追求的动力，成就了人往高处走，水往低处流的箴言；另一方面也诠释了“有了千田想万田，当了皇帝想成仙”“人心不足蛇吞象”的人性弱点。

每个人的心中都有欲望存在，初时它是人们前进的动力，随着欲望的不断满足，人们获得的越来越多，欲望也会随之膨胀。欲望的阴暗面开始侵蚀人的心灵，它一点点地占据人们的思想，直至人们会为了私心而不顾一切地舍弃其他的东西。至此，欲望已完全控制了人心，而人也离曾经地追求的幸福越来越远，正如冯友兰先生所说：“人之所以偏离了正确的道，就是因为欲望太多。”

欲望太多，但我们又都不是小说中的神仙，想要什么，立刻就会有什么。不可能所有的欲望都得到满足，而且不与现实里的道德认知发生冲突。冯友兰认为，倘若真有这种美满的人生，也就不需要理智这种东西了。直接凭直觉便可。

但在真实的世界里，即便是再乐观的人，也不会说自己的人生美满。因为种种欲，总没有全部得到满足的时候。因此人生就会出现种种的问题，而解决这些问题最好的依托，便是理智。无论是理智地解决人生问题，还是盲目冲动、仅凭直觉去解决问题，解决问题本身，就是一种理智行为。因此冯友兰认为，理智在人生当中占有相当重要的地位，因为万变不离其宗。有欲的地方，就有理智。

理智无力，欲则无限。先生如是说。

人生原本是一场荒芜的旅行，很多行囊不是天生带来，而是俗世的欲念强加上去的。当欲望的行囊变得愈加沉重时，就应该适时地减少一些累赘的东西。靠理智，来清减那些负累的欲。

冯友兰先生一生以哲学为其奋斗的方向，渴望在事业和学术方面有所建树。他想办一所很好的大学，他想在学术的道路上不断前行。然而，“能力越大，责任就越大”，他因声望与地位极高总是会被委以重职，出任行政工作。他的心中也有不灭的事功之心，他也有对权力与地位的欲望，但他始终觉得做教授最舒坦，于是，他一次次地辞去了行政工作，让自己的生活回归学术的单纯。这就是他“理智有力，欲则削减”的作为。

有人会问，那些没得以满足的欲望怎么办？克制不住，也无法凭空消失。冯友兰给出的建议是，人生不如意的事情总是很多，能够完满得到满足的欲望又太少，所以一定要学会自己哄自己，使不能满足之欲得以发泄，否则，人生真的要凶多吉少了。

世上凡人皆不朽

世人大概都很忌讳“死”这个字，人人都辛苦奔劳地求生，谁都不是为求死，所以人人也都怕死。但死亡不分高低贵贱，到最后都会公平地让每个人遭遇一回。肉体固然不能长生，但在冯友兰看来，假如稍加用心，人人都可以不朽。

不朽和不死大不相同，前者是流芳百世，后者是痴心妄想。东晋桓温曾说：“大丈夫不能流芳百世，亦当遗臭万年。”一句话道出了世人的心声：人生在世不过几十载，终有退场的一天，因此人们总希望即便将来灰飞烟灭之时，也能在这个世间留下些什么，至少证明自己曾经活过一回。于是有了人们对于“流芳百世”的追求，无法达到此种境界之人，便唯有退而求其次，如桓温说的那般“遗臭万年”亦无妨。

其实，正所谓“人过留名，雁过留声”，无论一个人的人生多短暂，也不论他的人生多平凡，只要曾经用心地在世上生活，便一定会留下些存在的证明，用冯友兰先生的话来说，就是“不朽”。他说：“不朽是指人之一种不可磨灭的地方，这样不可磨灭的地方人人都有，也就是人人都是不朽，而且想朽也是不能的。……不过这种种的不朽，有大不朽与小不朽的分别。大不朽是人人都知道的，如尧、舜、孔子。知道小不朽人少。如夫役洗凳子的声音。……所不同的，就是在乎人知道的多少罢了。”

桓温所言的“流芳百世”与“遗臭万年”，都因其知道的人多而称其为“大不朽”。然而，世间之人更多的是实现人生的“小不朽”，或许有些时候，是连自己都不曾察觉的“不朽”。

与其去追寻“遗臭万年”的大不朽，还不如去争取平淡诗意中的小不朽。同时，亦需铭记，人的所有举动都会留下印记，不会因为是恶行就被时间抹掉，故而行事之前请三思。

每个人的人生都有其相对的意义，有些人想要成为叱咤风云的领袖，有些人想要成为闪闪发光的明星，有些人想要成为造福人类的科学家，有些人想要成为除暴安良的执法者，有些人则只想安安稳稳地过一生……无论哪一种人生的期望，都是合理的，而且在这合理之中，我们都能找出于己有益，于人有益的“大不朽”和“小不朽”：你有过哪些功绩，带来过哪些影响，造福过多少人类，为人间送去多少太平，或者你一生安分，用真心爱了很多人。

这些大小不一的“不朽”，组合成了人生的意义。你曾来过这世界上，用你的方式留下印记。你创造了自己的历史，供后人去缅怀。在这些缅怀者的回忆里，你的灵魂得以延长，肉体虽然腐化，但精神、奉献以及爱，从此不朽。

第五章　探索理想国,体悟中庸道

人生四境，一境一世界

冯友兰把人生分成了四种境界：自然境界、功利境界、道德境界、天地境界。每个人对人生的觉悟程度都不同，因此，人生对于每个人来说也有不同的意义，这些意义的不同，就构成了人生的境界。佛说，每个人各有其自己的世界，就像一室中有众灯，各有其所发出的光。光的明亮程度不同，人心里的世界也各不相同。

自然境界是最低层次的，这个境界中的人做事总是依照社会习惯或者是依照本性而为，他们完全跟着天地的运转而运转。冯友兰先生先生说，此时的人类“既无明了的目的，也不明了所做的各种意义”，他们“日出而作，日入而息”，不会去过多地思考此外的事情。他们不知何为苦、何为乐，就宛如刚出生的婴儿般，虽整日笑嘻嘻，也感觉不到快乐。他们浑浑噩噩、不思进取、得过且过，不想要改变什么，只是跟风跟水地生活，完全不去考虑生活的意义，或者很少去考虑。甚至就连“生”与

“死”，他们也都不了解。

功利境界中的人，对于人生比自然境界有了进一步的了解，他们明白自己行为的目的和意义，懂得自己需要的是什么，其中的人所以会努力奋进。他们的心中有“我”，且只有“我”：不论做什么事，都是为着自己的功与利打算。他们大多贪生怕死，有时也可能为社会创造了财富。旁边的人也许因他过上了很好的生活，但是他的出发点是自私的，也就是功利的。他们的动机是想换取更高的收益，其最终的归宿还是“我”。

这两种境界都是普通人很容易获取的，冯友兰先生先生称之为“自然的创造”。之后的道德与天地境界，便非常人轻易所能达到了。

道德境界，即所谓正其义不谋其利。他们的心中除了“我”之外，还有一个社会、一个全体，他们了解个人是社会的一部分，因而他们的着眼点是在公而不在私。程伊川所说：“义与利之别，即公与私之别。”也就是求个人之利者为利，求社会之利者为义。古今贤人及英雄便是已达到道德境界的。也许他的行为并没有给现实带来实际的好处，但他自己始终是合乎道德的。

最后一种境界是天地境界，达到这一境界的人，认为在社会之上尚有一个更高的——宇宙。个人不能离开宇宙而存在，因而人不仅是社会的一员，也是宇宙的一部分；人是社会组织的公民，同时还是孟子所说的“天民”。所以，对他们而言，无所谓生，亦无所谓死，一切皆以服务宇宙为目的。

大多数世人都在自然和功利这两种境界中游走挣扎，另有一小众世人达到道德境界，心胸旷达。而达到天地境界，恐怕只有世人眼中的大师具备足够的功利去触及了。至于芸芸众生，你究竟到了哪一种境界，要有一个了悟。不同的境界创造不同的世界，不同的世界里，自然会有不一样的心情。你想要摒弃什么样的苦恼，就努力从低层次的境界中抽离。你想要什么样的幸福，就动手去创造一个什么样的世界吧。

沿循中庸道，走一段不偏不倚的人生

“极高明而道中庸”一直是冯友兰推崇的理想人生的生活方式。

所谓理想生活，究竟理想在什么地方？《中庸》有一句“极高明而道中庸”，正可借为理想生活之说明。儒家哲学所求之理想生活，是超越一般人的日常生活，而又即在一般人的日常生活之中。超越一般人的日常生活，是极高明之意；而即在一般人的日常生活中，乃是中庸之道。所以这种理想生活，对于一般人的日常生活，可以说是“不即不离”，用现代的话说，最理想的生活，亦是最现实的生活。

显然，在冯友兰先生看来，最理想的生活首先应该是中庸的，即最普通的日常生活。唯有做到中庸，才能于平凡之中有所超越，实现所谓的“极高明”。因而，在冯友兰先生的座右铭“极高明而道中庸”中，“中庸”是最核心的一点。

中庸，不是流于庸俗，也不是隐忍退让。并非不争，而是不恶形恶状地去争。“恰如圣人的心，如明镜，如止水，廓然大公。因为它的廓然大公，所以亦无所偏倚。因为它无所偏倚，所以遇到事情，当喜即喜、当怒即怒、当哀即哀、当乐即乐。”凡事恰好，顺其自然。

孔子说，中庸作为道德，是最高的境界了，人们很久没有达到了。李泽厚认为，庸指平常的行为，即有普遍妥当性的所能实现的行为；中庸即实用性，着重在平常的生活实践中建立起人间正道和不朽。

可见，在中国的传统文化当中，中庸是最高的德行。在很多学者看来，中国人生活的最高理想应属中庸的生活。冯友兰先生便是其中的一个。

在与人类生活相关的古今哲学中，中庸是一种介于两个极端之间的有条不紊的生活，是在动作与静止间找到的完全均衡。所以理想生活，应属一半有名，一半无名；懒惰中带有用功，在用功中偷懒；穷不至于付不起房租，富也不至于完全不用工作；钢琴也会弹，可是不十分高明，只可弹给知己的朋友听听，而最大的用处还是自己消遣；古玩也收藏一点，可是只够摆满屋子的壁炉……这样的生活，应该是中国人所发现的最健全的生活，也是冯友兰先生心中所期望的理想生活。

真正谙熟中庸之道路的人，是大智慧与大容忍的结合体，有勇猛斗士的威力，有沉静蕴慧的平和，有对大喜大悲的泰然不惊。行动时干练、迅速，不为感情所左右；退避时，能审时度势、全身而退，而且能抓住最佳机会东山再起；既不会沉醉于逢迎之中，让人才流失；也不拒绝被人拍马，以至无人可用。

因为了解，所以明达

真正懂得中庸之智慧的智者，很快也就可以领悟出更多的人生智慧。因为用对了方式，眼前的人生仿佛豁然开朗。再也没有不入眼的人和事，人人都有他的苦衷，事事都有它的缘由，心胸仿佛瞬间更加豁达，看整个世间也和善起来。

豁达是种很多人梦寐以求的人生智慧，但追求的人常常不得其要领。原因之一，是没有沿用正确的方式去看待人生，视野总是禁锢。看不到太多，听不到太多，因此了解得也就愈少。不了解，也就换不来明达。

人们常说：“旁观者清，当局者迷”，你我皆凡人，生在人世间，所以才会孜孜不倦地探索人生这道庞大的谜题。为什么是“迷”？因为不了解，不了解世上的苦乐参半，不了解痛苦是生的源泉。譬如，大风天气使人出去不方便，大人们因为了解这种天气现象，所以不会觉得有什么。但是小孩子还不是能够完全理解天气的奥秘，所以会生气，会哭闹，甚至指责老天爷。因为孩子的认知程度浅，了解得少，所以他才会处处不满意。随着年龄的逐渐增长，他懂得的会越来越多，会杜绝这种任性行为，对世间里的百态给予理解和宽容。这便是了解带来的豁达。

超脱的幸福不是人人都能体验，但我们可以超脱的是，了解并宽容人生这场旅途中的幸福与不幸。能真正了解了幸与不幸，也就能将人生看得通透，换来豁达心境。

冯友兰先生说："命运"的定义就可说是一个人无意中的遭遇。遭遇只有幸和不幸，没有理由可说。其中虽不免有宿命论的成分，却也不无道理。就拿他自己的人生来说，便是徘徊于幸和不幸之间的典型。

冯友兰有一位通识文墨的母亲，对他的人生产生巨大影响。在冯友兰看来，母亲便是他人生中的大幸。之于人生的大不幸，可能要算是抗战爆发后的那段日子了，面对飞涨的物价，他的生活清苦，不得不靠卖文、卖字、卖图章为生，但依旧生活艰难。

吴夫人这样的母亲，以及抗战这样的形势，都不是个人能够选择的，就像冯老所言，是没有理由可说的幸与不幸。冯友兰深切了解命运的格局，因此也就不抱怨，能够淡然地看开。并守着人生中的所有幸与不幸，尽力去生活，从容地行走于人世。

最虚妄的谎，是自己骗自己

与中庸之道最相悖的人性缺点，便是自欺。讲到自欺，冯友兰先生借了诗来比喻。他说诗对于人生的作用，其实就是用来自欺的。“用尽闺中力，君听空外音。”闺阁之中，捣洗衣物的声音再大，无论如何，外边空地上的人是听不见的。虽然明明知道对方听不见，但自己仍想让他听见，于是自己哄自己，做了这样一首诗。因为自己是诗的创造者，未实现的小愿望能在诗中得以实现。所以冯友兰说，作诗的人，其实就是自己在和自己说话。宇宙中的万事万物，因为有了诗，便可以随时随地地依据各人的幻想，加以推测和解释，变成自己想成为的样子。

这是自欺的最美好、最浪漫的表达方式，但在道德范畴里，最大的恶，当属自欺。《中庸》有云：“所谓诚其意者，毋自欺也。”不自知，便容易自满，而自满恰恰又是前行路上最大的障碍。就像先生曾说：“人往往如醉汉，‘扶得东来又倒西’，人必须有自尊心及自信心，但不可有自满心。……有自信心是成功的必要条件。有自满心是失败的充足条件。……一个人做事失败，虽不必由于有自满心，但有自满心底人，做事一定要失败。”尤其对做学问而言，自满无疑是最大的障碍。想要知识得到丰盈，甚至人生得到丰盈，只有知己不足方可行。

冯友兰先生便是一个始终秉持着谦虚的精神面对学术的人。

面对广博的中国哲学与世界哲学，他从未为自己所了解的东西而满足，反而是一种永不知足的心，让他不断地走向更为广阔的哲学世界。于是，他成为了解中国哲学不可跨越的人物，他成为世界范围内不容忽视的哲学家。正如他自己所说："人在名利途上要知足，在学问途上要知不足。在学问途上，聪明有余的人，认为一切得来容易，易于满足于现状。靠学力的人则能知不足，不停留于现状。学力越高，越能知不足。知不足就要读书。"这便是他学术成功的动力。

世间之人，谁都没有骄傲的资本，即使博学如冯友兰一样。只有保持知不足的"空杯"心态，才能从别人那里学到知识和智慧；必须时刻保持虚怀若谷的状态，才能将虚空的心越填越满。在填充心的虚空的过程里，尤其不能自满。自满是一个极危险的信号，像墨镜一样，使我们自欺欺人，止步不前，它就像是一块绊脚石，挡在我们前进的路上，令我们无法接近真知。只有穿过迷雾，认清自己，诚实地面对自己，不自欺，不自满，知己不足，在不足处全力努力，做到这些，人生才有完满的可能。

第六章　听幸福呢喃出人生谜底

私心不在，幸福就会来

世人大多具有私欲，很少有人具备廓然大公的心境。冯友兰曾说：“廓然大公，的确对于人生幸福有莫大关系，对于一个人的事业成功，亦很重要。人常说的‘旁观者清，当局者迷’，就是不能廓然大公，有我之存在，总是战战兢兢，患得患失，结果也许很糟。……所以大公无私，无我无己，若在道学家的旗牌约束下讲起来，很无味，但实在它们是对人生幸福有关系的。”

冯友兰一生醉心于哲学研究，并非只为满足自身对于幸福的追求，更是在为世人探寻着幸福的理想人生，廓然大公便是他学术研究的出发点与根本宗旨所在。因为在他看来，这种廓然大公所能带来的是一种超脱的幸福。

人的私欲是无限的。正因为如此，更要推崇“廓然大公”。如果人心中全是私心杂念，无崇高的道德理念，人就不再是人，而和动物没什么区别。因而会有“生命不是用来自私的”，这一对人生的呼喊与渴求。冯友兰先生对此也极为赞同，他说：“在任何社会制度中，自私都是最大底不道德。”那些自私的人心里永远只有自己，他们渴望整个世界都是围绕着他们而转，期望一切的收获都归自己所有，然而，这样的想法总是会令他们无端地生出许多烦恼。

而大公无私，无我无己的这种看似崇高的道德准则，虽然很无味，但也实在对人生幸福是有很大关系的。

无私即是忘我，二者是密不可分的。冯友兰曾经细致分析过忘我与幸福之间的关联。他说，人生里追求幸福的方式很多，应付感情便是其中一种。情感是自然反应，想从根本上免除，是不可能的。但冯友兰指出，若感情不受外物所累，这情感其实是无大碍的。但问题的关键在于，世人少有人能做到这一点。例如，某人和太太吵架，一生气连碗都摔了，冯友兰总结，这是因为他不能够“廓然大公，物来顺应。”又或者，我们看到别人被打，虽然心中气愤，但转眼就忘记了。倘若换做被打的人是自己，那就不同，不但现在恨，以后无论什么时候想起来，都会恨。冯友兰说，这都是我们的心有所累的表现，“我”不能廓然大公，因为“我”的存在，不能以人打我就像人打他人的态度处置之。放到人生的其他事情里亦是如此，所以我们不快乐。

要想快乐，就要心不能有所累。心无所累，就要忘记我的存在。我们常常觉得，“无私”这个词语，好像是在牺牲自己，成全别人。恰恰相反，被成全的人，其实就是我们自己。

太好命，还是对手太不幸

命运是一件很有神秘色彩的事情，因其充满了太多未知，以及对未来的不确定性。有人心急，想“先知”命运的走向，所以坊间的算命先生们总是有生意可做。冯友兰也说，这些能够预知未来的“大哲学家们”之所以生意兴隆，是因为人们认为命运是既定好了的，因为既定好了，所以有人才想要先知。但他反对命运的“先定论”，他所阐述的命运，和我们一般认知上的命运不同。

简言之，冯友兰的命运，指的是一个人无意中的遭遇。遭遇没有理由可说，只分幸运和不幸运。命和运也有不同，运是某一时期的遭遇，命是一个人一生中的遭遇。就好像一个人中了大彩，这是他今年的“运”好，但是他的“命”好不好，还不一定。因为他将来如何尚不得而知。在一时期中幸的遭遇比不幸的遭遇多，是运好。在一生中，幸的遭遇比不幸的遭遇多，这才叫做命好。

普通人所说的通过努力能战胜命运，在冯友兰看来，这个命运是指环境而言。环境是通过努力可以战胜的，至于“命运”，冯友兰认为，是人力不能战胜的，否则就不成其为“命运”。孟子曾经说过：“知命者不立于危墙之下。”如果一座墙快要倒塌了，你还以为命好，立在下面，因而压死，这便是活该，不能算是知命。冯友兰又列举了一个在战时非常典型的例子，比如遭遇警报，有人躲在一个不甚安全的地方，不小心被炸死了，这是他的“命”不好，也是他“运”的不幸。所以冯友兰总结道：努力而不能战胜的遭遇才是命运。

基于这个理论，冯友兰认为，在建功立业这件事情上，“命运”的成分要占多数。历史上最成功的人是历朝的太高祖皇帝，刘邦因为项羽的能力不够而成功。如果项羽比他更行，他绝不会成功。冯友兰的见解很独到：学问是个人的事，成功则与他人有关。

康德之所以能够成为大哲学家，是因为他自身的学识渊博到了一定程度，即便英国有比他更强大的大哲学家，也并不妨碍他成为德高望重的哲学家。因他依赖的是学识。

历史上有很多人，本身的素质和条件确实已经能够称得上英雄，但天外有天，遇到比他更厉害的人，却失败了。与之相反的是，有很多人原本不行，可是碰到比他更不行的人，反而成功了。所以冯友兰认为，建功立业方面的成就靠命运的成分大。所以他亦不赞成以成败论英雄。这个理论大可以宽慰失败对我们的打击。当你再次遭遇失败，可以换个角度想，也许不是我不够好，而是我遭遇的对手十分强大。

道德无关天资，人皆可以为尧舜

除了学问上的成功、事业上的成功，冯友兰认为道德上的成功更加重要。古语有云：立德、立功、立言为“三不朽”。学问上的成功是“立言”，事业上的成功是“立功”，道德方面的成功是“立德”。

冯友兰认为，道德的成功，不需要太多天资，也不需要太多机会。只需要依靠大步努力便能在道德方面成为完人。至于如何“大步努力”，“在每个人应该站在的岗位上，做他应做的事。”即可。

人与人的关系，从前有“五伦”之分：君臣、父子、夫妇，现在的“五伦”虽有变化，但人与人之间的关系是永恒存在的。为父有为其父应该做的事，为子有为其子该做的事。这就是“道”，君有君道，臣有臣道，父有父道，子有子道，也就是每个人都有他应该做的事。并且把这些事做到尽善尽美，便是“尽伦”，便是在道德上有所成就。

道德方便的成功，其实并不需要人们去做一些与众不同的事。才华天资分高低，天资高的人，可以做大事。天资低的人，可以做小事。但无论大小，只要尽心尽力，在冯友兰看来，这就是圣贤。

人生如戏，并不会以你扮演的角色的高低作为转移。梅兰芳扮过皇后也扮过丫鬟，依旧流芳百世。哪怕你没做出成绩，但日复一日的努力和用心，这依然是不能被磨灭的巨大的成功。譬如你想资助一个贫困儿童考大学，考上大学，固然是好事情，你的功德得到最大程度的施展。但儿童考不上，你的这份善行和品德，却也是熠熠发光，永恒不变的。

我们不能说，“人皆可以为李杜”“人皆可以为刘邦、唐太宗”，但我们可以说，“人皆可以为尧舜”。因为道德的成功不靠天资，不靠机遇，只看努力和诚意。但这并不是要我们放松在学问和事业上的追求，以为只要自己的德行够好，就可以松懈其他，这是不对的。冯友兰强调道德的成功，是希望世人能够在追求学问成功，事业成功的同时，先做一个道德成功的人。先做“好人”，再做大学问、大事情。

又或者，当你苦心追求学问的成功，事业的成功而不得时，也不必灰心沮丧。假若你是个道德成功的人，那么你的人生价值一样不能被抹杀：虽然没有大成绩，但是你是最尽职的父亲、最勤奋的员工、最体贴的母亲、最温柔的妻子、最尽责的丈夫、最孝顺的子女，倘若你真做到了这些，那么在这平凡无奇的人生里，你依旧是了不起的尧舜。

诗意人生风流心，平凡日子也深情

假如问你生活是什么，你的答案肯定逃不出“吃饭睡觉”这些，但仔细想想，快节奏高压力下的生活，让我们这些都市人几时做到按时吃饭按时睡觉了？恰恰是最寻常的吃饭睡觉，让我们不能够郑重地去对待。冯友兰曾说：“圣人的生活，原也是一般人的日常生活，不过他比一般人对于日常生活用品了解为充分。了解有不同，意义也有了分别，因而他的生活超越了一般人的日常生活。”这里所谓的“超越”，便是指圣人能做到“饥来吃饭，困来即眠”，他们实现了这个对现代人而言遥不可及的梦想，那就是洒脱。

冯友兰对洒脱的人生态度也情有独钟，他在自己的随笔《论风流》中，彻底追寻了一番生活中的美，由美引申出来的风流，最后升华成潇洒的人生境界。他还提出了构成真风流的四个条件：玄心、洞见、妙赏和深情。

玄心就是一种超脱感，豪华落尽见真纯，得之坦然、失之淡然；洞见就是微言大义，寥寥数语，尽得风流；妙赏就是对于美的深切感觉，于平凡的事物上发现美感，在日常生活中寻得无限乐趣；深情就是这些人有着柔软的内心，易悲易喜，自然地流露于外在的行为。

在众多文人墨客里，冯友兰最为欣赏陶渊明的洒脱境界，单是那首《饮酒》诗：“结庐在人境，而无车马喧。问君何能尔，心远地自偏。采菊东篱下，悠然见南山。山气日夕佳，飞鸟相与还。此中有真意，欲辩已忘言。”便能表现出其最大的洒脱了。

还有毫不逊色的程明道：无论是“云淡风轻近午天，傍花随柳过前川。时人不识余心乐，将谓偷闲学少年”，还是“年来无事不从容，睡觉东窗日已红。万物静观皆自得，四时佳兴与人同。道通天地有形外，思入风云变态中。富贵不淫贫贱乐，男儿到此是豪雄”，尽显潇洒情态。

生活中有遍地的美，只是我们从不去关注。看不到那美，也就体味不到个中情境，体味不到那情境，心态便一直恶性循环地禁锢着，洒脱不起来。世间的美总是因主观的因素而显得形态各异。激情澎湃者说：“美强烈而可畏，就像暴风雨一般，震撼着我们脚下的大地和头上的天空。”疲乏者说：“美是柔声细语，她在我们的心灵中讲话。她的声音沉浸在我们的寂静中，正如一抹微光在阴影的恐惧中颤抖。”好动者却说：“我们曾听过她在山峦中呼喊，她的呼喊唤来了马蹄声、展翅声和雄狮怒吼声。”美，就像一个万花筒，每个人看到的样子都不同。孩提时期，我们都曾拥有一双锐利的发现美的眼睛，随着年龄的增长，这双眼睛逐渐隐退，甚至消失殆尽了。对于生活中的一切，我们麻木地一扫而过，再也没了当初的新奇和惊喜之情。

抬头去看看周围的美吧，让你的心诗意起来，让你的人生洒脱起来。你会发觉，幸福其实并不是那么难寻觅。

生有涯，而人心参不尽

梁漱溟

追寻，是梁漱溟一生都在尽力而为之的事。追寻国家的问题，追寻人生的至理。梁漱溟先生虽然身置国家云垒浮云几度变，但是他始终不懈地在叩问着人生的意义这个带有普世性的问题。他所寻求的答案，不只是适用于他个人的，他更希望是能解答作为人会有的困惑。

当人开始思索关于人生的问题时，其实早已不觉转入此中来。无论思索还是不思索，人生的长图依然会继续向前铺开，但是人之独特，正在于“人之有思”。万物各有待。花儿非去年颜色，却依然挂在旧枝头，新来的燕子所寻的，却是旧时的巢穴；蒲苇韧如丝，磐石无转移，大概千年依然如故。它们就像天与地所下的棋中之子，或进或退全然身不由己，但是人却并非如此。

梁漱溟先生认为，人虽然也有不自觉处，如生老病死等无法摆脱之处，但是有一种努力在摆脱机械性的意愿，而这种意愿就是人高于万物的优势之所在。送别友人，会折柳相寄；得遇知己，会大加青眼……人能够捕捉到秋风起时的悲凉，低头泪满襟；人能够陶醉于花前月下的美景，起舞弄清影；白雪皑皑，可在家中生起红泥小火炉，共饮绿蚁新醅酒……这些滋味，大概只有人才能够得享吧，人生有了这些，才会有趣得多。

世上又有多少人饱食终日、不知何为啊！他们沉迷声色犬马，日子看似精彩纷呈，其实不过是镜中之月，水中之花。梁漱溟先生觉得这样的人可怜又可悲，当他看到有的青年也是如此时，更是心痛。他认为青年时期是一个人一生中的英雄时代，应当去做游侠儿，应当去厉马登高堤，应当有舍我其谁的魄力和胆识，怎能蝇营狗苟、虚度年华呢？

大梦谁先觉，平生我自知。梁漱溟先生希望每个人都能够从梦中醒来，去认真地生活，因为生活本身才是最美的，才是我们生命该有的寄身之处啊！

不俗即仙骨，多情乃佛心。梁漱溟先生早年研读佛典，后来重归儒家，佛家的慈悲之心和儒家的济世情怀在他那里二水并流。他不仅自己超脱出了泥潭，做到了“不俗”，同时也心怀悲悯，尽力帮助更多的人能够认真地去生活，这就是“多情”。

但是，要人自知已非易事，何况还要从中超脱出来呢？梁漱溟先生认为人应当去亲师取友。他山之石，可以攻玉。自己脸上的污浊，只有身边的人才能看得分明。因此，不如营造一个幽兰之室来催促自己上进。一个人若周身清水缭绕，自己也会努力去成为泥中莲花，自留一份清白。

梁漱溟先生一生带着问题行走世间，求索上下。他得到了自己所需要的答案，但他不忍独自舍筏登岸而去，而是留下了纸墨；他也没有藏之名山，而是希望极易走入歧途的人能够走回生活的正道，去日日无间地享受生活的美好。他正是这样一个身具仙骨的多情之人。

第七章　心是根本,根本没那么复杂

生命是一场无目的的向上奋进

梁漱溟发掘人心的主动性，最初是从生命自发的创新开始讲起。所谓生命自发的有所创新，譬如诗人、画家，他们的自发创新总是精彩而又出尘脱俗的。这是自发的创新，灵感精髓全部来自无意，而不是刻意堆砌。人在思想上每有所开悟，都是一次翻新；人在志趣上每有所感发，都是一次向上。正应了那句，“文章本天成，妙手偶得之”。在梁漱溟看来，这句话可以适用于生活中的各个行业。因为“生命是自动的、能动的，是主动的。”

自觉是人心的特点。“生命的本性可以说是莫知其所以然的无止境的向上奋进”，把这个概念形象化一些，便是“人们意识清明中的刚强志气”。譬如有人在奋斗的过程中对外界环境的困苦不能够正确对待，而有的人则能不屈不挠地坚持到底，决胜于最后五分钟的那种坚毅精神。或者面对不管多么强大的敌人，都能够“在战略上藐视”敌人，但在战术上却不掉以轻心，这种胆大中见豪迈的精神，亦是自觉的能动性的最好体现。

梁先生说：“‘自觉’真正是人类最可宝贵的东西！”人可以去创造，可以去超越，这些都是因为人有自觉性。然而，人的生命是沿着动物的生命而来的，与动物，甚至是与机器同样有相近之处。人的身上有很多情欲，不由自主地“看这个贪，看那个爱，怠忽懒惰，甘自堕落”，这样的人很难管住自己。

人无法自我控制的时候，就像是被链条带动的齿轮，不由自主地就顺从了别人的意图或行为，或停或转都身不由己。梁漱溟先生认为，能够自觉“是人类第一也是唯一的长处”。人虽然是从动物发展而来的，但这一过程既然称为进化，人就应当在某一点上高于动物才对，这一点就是自觉。人应该掌握自己的命运，决定自己向哪里走，或者是怎样走。而那些少了自觉的人，像是一件东西，或者像是一个动物，总之不像人了。

“人非草木”“我心匪石”，人常以此表明与他物的区别。在人看来，花鸟鱼虫基本都是无情无思的，它们或者春生秋死，新生的草木似乎也无异于旧时光景；或者千年无转移，天长地久对它们来说毫无意义。梁漱溟先生在谈到人的创造力的时候说：其他一切生物都不会用心思。

而比生物更为可悲的是机器。梁先生认为，机器是最可悲的，因为它的命运完全不能由自己掌握，就像石头可以任人丢弃；就像树枝可以让人攀折；而动物，像是一个动的机器，不用人摇而自动的机器，似乎有了点进步。它们懂得累了休息，饿了觅食，然后代代繁衍下去，再过几十年、几百年可能都变化不大，依然没有摆脱不自觉的状态，人则不同。人生在世，要时常提醒自己具备这样强大的能动性，并将其时常磨炼，争取将其发挥到最大功效。

以万变的灵活，应对万变的人生

什么是灵活性？梁漱溟解释道：不遁守常规而巧妙地解决了当前问题，这就是灵活性。拿作战来比喻，灵活性就是具体的实现主动性于作战中的东西。古人所说的“运用之妙，存乎一心”，这里的妙，我们也叫做灵活性。假如指挥作战不能灵活运用，那么生命的主观能动性也就不能得到很好的发挥。灵活性，也是人心的一大特点。

寻常的生活里，总有各种各样出其不意的变故，如果我们能于变幻中灵活应付，不至于使自己落于被动，灵活性便得到了体现。出奇制胜是灵活性，闪避开突如其来的袭击，也是灵活性。当生命不受制于物，而恒制胜于物，这是灵活性最本质的体现。

梁漱溟说：“不灵活不足以为人心。”又补充道：“灵活是有待争取的，人心不是现成可以坐享的。”生活中处处需要灵活性，灵活性也需要我们时时去修炼：事业上遭遇强劲敌手，需要我们不畏强敌，同时在战术上不能轻敌。而胆小懦弱的人缺乏心的灵活性，不能办到。胸有成竹，对前途充满信心者必然能够冲破阻碍，在人生道路上大踏步前行，灵活行走，但失去信心的人办不到；舍己为人，倾注热情生活的人，常常灵机大开，而猥琐自私的人常常顾此失彼，进退两难。通过梁漱溟所论述的心的灵活性，以此类推，我们能列举出人生中的很多问题。

心一旦缺少灵活性，难免狭隘。人有私心本无可厚非，但是在一再的教导之中依然执迷不悟，不能施展其灵活性，就是入俗太深了。梁漱溟先生说，有小问题者为小人；那些时有时无，忽起忽落的便是假问题。名利之物，今日在我手，明日入他家，如果一颗心始终为之所牵绊，又怎能安心去过自己的生活，去干大事业？而世间也并不乏在这些小问题上苦苦追寻的小人。

马致远曾嘲弄名利场中人道：“争名利，何年是彻？密匝匝蚁排兵，乱纷纷蜂酿蜜，闹攘攘蝇争血。”在追逐名利富贵的时候，人的心是闭塞的，不灵活的，人像蚂蚁一样忙碌奔波，如蜜蜂酿蜜一样辛劳勤苦，甚至在竞争之中带有一丝血腥味，完全体悟不到人生的欢愉。所以还是要把心放开来，让其自如灵活，可进可退，以万变的灵活，应对万变的人生。

静听心弦，有计划的心灵不乱章法

计划性是心的又一大特点，不同于心的灵活性，计划性是需要预订的。我们在行事之前，每每不会马上行动，而是先在脑海中构想一下思路，预测一番才会真正展开行动。梁漱溟以为，按照以往的经验来对未来的事物加以推测，可以说是人类最大的本领。

如果没有了这种计划性，我们所有的行为都将被盖上“冲动”的印记，和动物没什么分别。梁漱溟认为，合理的、充分的御用计划性，人心比要安静。譬如两军对峙，最好的应对策略不是即刻投入战斗，而是暂时保持冷静，静心思考如何应对，做好计划再出手，方为上策。

正所谓心不平，思不清。“思”若不清，则直接影响着行动的优劣。当年唐太宗病逝，武媚娘被逐感业寺，削发为尼，伴着青灯古佛，心却无法安静，甚至“看朱成碧思纷纷，憔悴支离为忆君。不信比来长下泪，开箱验取石榴裙。”心情起起伏伏，波澜不定，因此思绪混杂，竟然把红色看成了绿色。直至她后来君临天下，凡事沉着处之，使心沉静，才得以霸气十足地一统天下。

心若不静，便会扰乱计划性，“安禅何必须山水，灭却心头火自凉”。一旦暴躁的本性显露出来，这个人就忘记了自己已经是在修炼场中了。他看到了脾气暴躁的不足，却没能在生活中真正地纠正过来。若真的有心，何需百忍寺呢？生活中，处处都是修炼场。只要你能心静，让平静下来的思绪一步步按计划来，大体上不会错到哪里去的。

如梁漱溟先生所言，情不平，则思不清。心神不宁，心无章法，而被情绪所左右的人是不幸的。想要听曲生命弹奏的有规律的弦音，就先将自己的心弦整顿好吧！

理与情，据之心两端

自觉、灵活、计划性，梁漱溟概括出了人心的三大特点，也许人心的特点，远远不止这些，它可能还有更复杂的一面，可能也有简单纯朴的一面。但无论复杂与简单，贯穿我们这颗心的，都逃不过两种因素，理智与情感。人心为什么会有计划性，这计划性便来自人的理智。当人们显露动物的本能，在不被道德范围允许的事情上流露出“不自觉能动性”时，理智便会出马。但体验生活的美好，人心的温良，则需要情感的合理驾驭。总之，理智和情感，是放在人心这个天平两端，同等重要的砝码，缺一不可。任何一方过于偏重，都会让原本美好的生活不对味儿。

古人说：登山则情满于山，观海则意溢于海。来到山上，就把自己的整个身心用在欣赏那片草木葱郁、繁花似锦的风景中；这是情感的运用。如果倦怠了，审美疲劳了，却依然停留在那里，那不仅辜负了这美景，也辜负了自己正在流逝的生命，因此不如下山去登楼观海，就用心沉浸在波澜壮阔的海面中。这又是理智的运用。

人如果伏在案上钻研学问，时间久了，难免会感到单调乏味、思维僵化，既不利于学问的长进，对自己的心情也无裨益。因此，不如抬起头来看看窗外，那里有阳光明媚、欢声笑语，是最好的调节方式。梁漱溟先生说，调理自己是需要精力集中的，如果已经无法集中精力了，那么不如去好好休息一番，“除非不说不做，一说一做，就必须集中精力，心气平稳地去做”。并不只是工作的时候要专心致志，不知老之将至，在玩乐的时候也应该将繁杂之事统统抛诸脑后，玩得淋漓尽致，理智与情感交融，这样的人生才最为完整。

其实理智和情感并非截然对立，合理的生活应该是两者相配合的。

梁漱溟潜心研究学问，但他懂得休息也是生活必不可少的一道程序，劳逸结合，其实也是理智和情感结合的一种。他还说说：“譬如写一篇文章，初上来心很乱，或初上来心气尚好，这时是最好平心静气去想，不要苟且从事，如果一时随便，就很难得成为一气。”

认真生活的人，态度是不随便的，他们懂得弹簧有松有紧才有弹力，人的生活也是如此。理智的弦绷得太紧，这根弦反而容易断。情感的弦太放纵，难成乐章。最好忘乎所以时，用理智提醒下，在过于坚持原则的情况下，用人情亲近一下，不亦乐乎，尽情尽兴，这样才能保持自己的最佳状态。

第八章　出世在心，入世为人

向前“逐求”——有所求，故有所逐

梁漱溟将人生态度分为三种，第一种态度，他用了“逐求”两个字来概括。“逐求”的意思是说，人们在现实生活中最基本的追求，像饮食、名誉、欲望、物质、利益等。一面受到欲望的引诱，一面要摆脱或解决各种各样的人生问题。在这个尘世中颠倒迷离，苦乐参半。梁漱溟认为，在逐求的这种人生态度中，做得最好的要算是西方人，他们直接而又专心的追求与物质享受，并且他们征服自然的能力实在很伟大，也令人拍手称赞。

这是人生的第一种前行方向：就是奋力去争取自己所要求的东西，以此来设法满足自己的欲望。换一句话说就是奋斗的态度。遇到问题，去解决问题，通过解决来改变人生的局面，使其可以满足我们的要求，这是生活本来的方向：解决问题，前行。

顺着自己的直觉、顺着本性执着地前行。这是大多数人生的一个基本状态。“这个支配我们行动的心理作用，是直觉而非理智”，人应当没有矫饰，没有虚伪，完全听任自己的心思而天南海北地去行走。遇到问题就解决问题。这种率性的人生，才是痛快而合理的。如果处处瞻前顾后地听从他人的引导，人就很难做到真正的畅快。毕竟，世上也没有客观的道理，道理也是来自人最初的情感。因此，梁先生说：“我认为只要任听直觉的冲动，想做什么就做什么，都是对的。”追求最基本的饮食、欲望，只要方法得当，这也是没有错的。

人生就是柏拉图走过的那片田野，没有回头路，而幸福就是在你眼中最美的那朵花。只要你勇往直前地去追寻它，那么最终你追求到的，将是幸福。梁漱溟先生说过：“要改变那求生活美满于外边享受的路子，而回头认取自身活动上的乐趣，各自找个地方去活动。”

每个人所追求的东西不同，唯一相同的是，我们都在为了自己追求的东西奋力追逐。追逐的过程并不容易，但是只要相信这就是你所寻求的那朵花，那么你就不会再去向往着彼岸的美景，因为咫尺之间，已有芳草生香。“众里寻他千百度，蓦然回首，那人却在灯火阑珊处。”幸福原来很近，如果一直看着远方不停地寻寻觅觅，终其一生，恐怕也无法找到。

梁漱溟先生说，我们只应求“一个人的圆满”。也就是充实自己的人生，但是很多人把填充的内容寄托在了别人那里。这样就走错了路，走的不是自己追求的那条路，追求来的也不是自己最想要的东西。你在自己的人生道路上追求着什么？要想好这个问题，然后坚定不移地去追寻，去前行吧。

停下调和——人生太苦，欲“厌离”

梁漱溟在人生态度中所阐述的第二种，是厌离。逐求的人生态度强调的是人对于物的问题，而厌离强调的则是人对于自己本身的问题。人和宇宙中的其他事物都不相同，其他动物走的是本能的道路，而人走的是理智的道路，理智在人的生命里，作用很大。其中最特殊的一点作用，是能够让人们回转过头来审视自身，这便是一切生物都不及人类的地方。

当人们开始反省自己，冷静地观察自己的生活时，大多数人会发觉，人生其实是苦的。一方面为自己的饮食男女及一切欲望纠缠，不由自主地滋生出很多痛苦。而在另一方面，社会上又充满了无限的偏私、妒忌、仇怨、计较，以及生离死别等种种现象，等到彻悟了这些现象，透过现象发觉其本质，便更会让人们觉得人生没有太大的意思，于是产生一种厌离人世的人生态度。这便是“厌离”，这种情绪人人有过，有人未曾有，是因为他们尚未回头反省自身。回头去想，便欲厌离。

人的寿命是有时限的。人生如梦亦如风，于是有人纸醉金迷，日日不知归路；一切仿佛只是过眼云烟，七情六欲皆是空，于是有人选择了遁入空门。前者，沉醉于享受之中，梁漱溟先生认为这种人颠倒迷离于苦乐中，与其他生物亦无异；而后者，看见了世界的丑恶，觉得人生太苦，便产生了“厌离”。

第一种人看到了人生的苦短，梁漱溟先生说他们“于现实生活中逐求不已：如饮食、宴安、名誉、声、色、货、利等，一面受趣味引诱，一面受问题刺激，颠倒迷离于苦乐中，与其他生物亦无所异”。用表面的喧哗来掩饰内在的寂寞——狂欢是一群人的寂寞。

他们往往好逸恶劳，骄奢淫逸，因为在他们看来，一切的享受都是要借助于感官，也就是从其他的事物上得到的。

当劳作变成一种幸福的时候，人才意识到原来整日无所事事，只贪图享受，无益于自身又无补于世界，生活将是一场灾难，将会把人带入地狱中去，即便想挣脱出来也变成了徒劳。

这两种生活，一者沉迷在苦乐之中不能自拔，一者否认苦乐超然其上，都没有看到生活本身的乐趣和意义。梁漱溟先生说：“普通都是由逐求态度进步转变到厌离态度，从厌离态度再转入郑重态度。唯有郑重态度才是既不迷于苦乐，也不超然其上的，这也就是我们应该过的生活。”

喜乐常有，只怕人心太昏昧

从逐求、厌离、郑重这三种人生态度中，不难看出，人生不是一件轻松事，有时甚至很沉重，大部分时候，人生苦多乐少。但人生真的没有乐趣可言么？

梁漱溟先生说：“人人都应当领略人生。”他认为，“心粗的人也应当反省反省人生。”其实这样的人并不是没有对人生的感觉，只是比较迟钝，感受不到人生的种种快乐。

在《百年孤独》一书里写道，印第安人几百年间都生活在落后愚昧之中，而经历了布恩迪亚家族几代人的乌苏拉，终于惊呼：“时间在打转！”开始意识到，原来这么多年来，他们一直在原地忙忙碌碌，没有丝毫的进步，更不要说去体味人生中的欢喜，但是这样的人生不是很可悲吗？

而梁漱溟先生自己是很懂得在生活中去体会生活中的欢喜的。哪怕是清苦的生活，也有它的欢喜滋味。

他在第二次结婚时，来宾在宴席上结束发言后，纷纷要求梁漱溟报告恋爱经过。梁漱溟答应了大家的要求，说：“现在，我听说谈恋爱要花很多钱，下馆子、看电影、看戏等。但我没有花过一分钱。我羞于谈及此事，但的确连出去散步也没有过。我也曾给她写过信，约她在天气好时一起去经山村的河边散步。但那天恰逢阴天小雨。她是否会应约前来呢？我犹豫了一会儿，拿了把伞就出门了。如我所料，在半路上遇见了她。因为还在下雨，我们仍然无法去散步，于是我们终于只是在路边的小亭子里坐了一会儿。”

这种“执子之手，与之偕老”的欢喜真情，梁漱溟先生虽然很少表露，但他一直深得其中滋味。

史铁生在遭遇了双腿变残的命运后，也曾埋怨、绝望，但最后，透彻地看待自己曾经的过往和将要走的路。整个人生像一卷画纸，清晰地铺在他的面前：因为自身的遭遇，所以他更清楚生命的脆弱，但是尽管如此，生命的价值不容否认，生命中的欢喜不能忽略。所以，他悲悯、敏锐地洞察着草木花虫的一呼一吸，因为悲悯而宁静。

梁漱溟先生说：“必须在人生的根本上弄对了，然后才能干什么都对，才能有真乐趣。”一个人最大的快乐是从心出发，从根本出发，去体味生命中的欢喜。并不是要你为所欲为，如入无人之境；也不是仅仅靠着物质和欲望来支撑的“伪欢喜”。如果因为拥有这些而快乐，也会因为失去这些而伤心痛苦。

哪里拥有真正的快乐呢？答案就在生活里。走进生活里，用心去咀嚼，在清寡劳苦的人生里，也都有欢喜。

谋生，究竟在谋什么

人忙碌到一定程度，忙碌到晕头转向、忘了初衷时，难免会追问自己：做这一切，到底是在为什么?

谋生究竟在谋些什么，就像“我从哪里来，又往哪里去？”“在我出生之前世界是怎样的，它会不会因为我的出现而改变，而当我走后是否一切就又重新回到了原点？所以人就成了来去无牵挂？”这样的问题一样深奥。

但是人在思考这些的时候，早已经踏上了生命的行程。如果人生真的有目的，那么思考之前自己是不是在毫无目的地行走？如果人不去思考这些问题，那么生活还是会按照既定的轨道走。所以，梁漱溟先生认为整个人生不能说是有目的的。以此来推断，我们谋生谋来的，不过是生活本身。

在我们出生之前，身边的一切早已被安排好；当我们去追寻目的的时候，反而就失去了生命的本色。花开花落，流星划过……这个世界有很多我们无法触及的地方，谋生不可能将这些无法触及的东西也谋到手，我们所为之拼搏努力的，不过是我们触手可及的那些东西。

谋生是一场轨迹，一个方向。很多人在追求活着的目的的时候反而远离了生活的本真；而如果能够顺从自然的原则，那么事情就会做得更漂亮。

如果说豺狼群聚一处，合力捕获食物是为了生存，那么人与人之间的合作呢？辛劳的工作、与别人打交道，风尘仆仆地行走天地之间，是否都是出于“生存”的需要呢？有人认为是的，但是梁漱溟先生不这么想。他说：“人类之结侣合群同心协力积极作为奋勉向前尤其豁露著明最可指见也。”

人的生活并非在于简单的“食色”二字——前者是为了维持生命，而后者是为了扩张生命。而人在进化之中，已经超越了这个阶段。人能够同心协力、奋力向前就是其中的一个标志。

人与人之间的合作是一种积极前进的象征，是为了生活。梁漱溟先生还说：“生活者生活也，非谋生活也。”

谋生活的人，把生命定义在了“存在”于世界上，而没有意识到这存在本身具有另一重生命的灵动和美丽，那就是生活的趣味。孔子所说的：“发愤忘食，乐以忘忧，不知老之将至云尔。”这种发奋到忘食的行为，很积极，很努力，旁人看来似乎很辛苦，但是这就是他所认同的生活之道，不需要再去追求其他的东西，这也就是梁漱溟先生所说的生活之境。

第九章　一个人悠然生活，一颗心静默思索

人生基本是孤独的

最难的生活，是一个人的生活。因为不堪忍受其孤独。

梁漱溟说：“他是一个人，你是一个人，我是一个人，我们都是一个人，不是一个以上两个三个的人，也不是一个以下大半个小半个的人，倘然是一个人，最难处理的事就摆在了我们面前：我怎么样去生活？

这其实是一个没有固定、唯一答案的问题，梁漱溟也只是告诫人们，去觅自己的路，觅了路如何去走，则是自己的问题。人生大半的问题要自己面对，就是这点最孤独。有时候你以为是和众人面对，人家分享你的喜乐，承担你的忧愁，陪你做伴，伴你走完一段接一段的人生路，其实你心里在某个时刻会很清醒：原来你还是一个人。从头至尾都是一个人。

孤独是与生俱来的，正如梁漱溟所说，这世上你所遇到的每一个人，都是一个人，都是孤独的。你以为自己孤独，但大

家都在孤独着，这就不再可怕。重要的问题便是要如何面对它。梁漱溟给出的建议是，告诫所有少年，切莫闭眼走路。因为无人相伴，孤独前行，所以要眼睛睁得大大，时刻清醒，独自探索前路。所以在独自前行的过程中，你唯一能做的，就是对自己诚实。如果不诚实，梁漱溟说，“就会有大危险，不是别人加危险于你，是你自己已经违离了宁帖。”诚实地去走一条路，就是积极，就是奋斗。如果我们不积极不奋斗，就没有办法满足对自己的要求。只有诚实地前行，不容休息，不容左顾右盼。

孤独让我们诚实，诚实让我们清醒。下棋的时候，有“当局者迷，旁观者清”一说；苏轼登庐山时也道：不识庐山真面目，只缘身在此山中。最重要的是能够站在一定的高度上诚实冷静地去看待，唯有如此，才不会被一时的局势变化所左右，也才不易迷路。

梁漱溟先生说：“只有在我的心里清楚明白的时候，才是我超越对象、涵盖对象的时候；只有在超越涵盖对象的时候，一个人才能对自己有办法。”

人生基本是孤独的。当我们能够真正接纳这件事，便能够开始诚实地了解自己了。孤独练就了我们的一双冷眼，梁漱溟认为，要冷眼去看，看自己，看世界，如此才能清楚。如说身在人群之中，喧嚣弥漫，心智自然难以清明；即便心中有很多东西要涌出来，也要等独自一人，由衷孤独的时候，万物才能够清明，世事才能明了很多。孤独，让我们不仅在看待别人的时候能够看得分明，更重要的是，让我们自己也能超出自我的局限，也可以像一个旁观者那样冷静地看清自己究竟身处何处，是否诚实，究竟该如何前行。

不跟随，是我最铿锵的独行

梁漱溟在《如何成为今天的我》中提道："对一个问题肯用心思，便对这问题自然有了主见，亦即是在自家有判别。"

在他看来，有主见就是有学问。有主见，就是真正把握住了学问之要义，或许恰好和别人一样，这也无关紧要，梁先生说了八个字："独立思考，表里如一。"晚年接受芝加哥教授艾恺采访时，梁先生解释道："'独立思考'就是不是人云亦云，人家说什么跟着说，不是那么样。'表里如一'，我心里有什么就说什么，表面跟里头是一样的，不隐瞒。"无论是做学问还是做人，梁漱溟先生都是带着自己的主见努力探索自己的人生。他自称自己是一个有思想的人，而且他坚持本着自己的思想而行动。

他拒绝称自己为学问家，因为觉得自己的学问还不够那个程度。但他自诩为思想家："我所见长的一面，就是好用思想，所以如果说我是一个思想家，我倒不推辞。”因此梁漱溟致力于求学，为自己能在人生问题上有独到见解，有自己的主见。

师父领进门，修行在个人。求学也是一样，要豁然开朗，必须潜心钻研，把心思沉下去，学问才会水落石出，豁然可见。所谓书读百遍，其义自现。这读书之中，必然也带有自己的思考，慢慢地由浅入深，这样，整个过程都是在接受和收获。

泰戈尔说，天空中不留下翅膀的痕迹，但我已飞过。而每个人在学习的过程中都必须要留下痕迹，或深或浅，在自己的心中慢慢累积起来，刚开始也许是朦朦胧胧的，但是终有一天会彰显出来。这样的学问才是有根的，不是飘忽起来的空中楼阁。而没有主见的人虽然会用一堆书装点门面，但是这样的人，往往“遇一个问题到眼前来而茫然”梁漱溟先生强调说，这种人是算不上有学问的。

梁漱溟先生认为，学习并不是大而全地什么都去学，这是没有必要也是不现实的。每个人都应当根据自己所处的位置，按照自己想要的方式去学，如此用功才是真用心，如此用心才会有主见。

世界上没有什么正确答案，也没有最佳答案，能够自圆其说的就是行得通的，成功的学习从来不是简单的复制，而是在继承之中有创新和发展。梁漱溟先生就说：学问是什么？学问就是学着认识问题。在新问题出现之后，就试着去解答。能够答出来，就多了一份学问。也就多了一份有重量的主见。

朝思人生，暮想己过

泰戈尔说：“你看不见你自己，你所看见的只是你的影子。”梁漱溟先生也说：“每人常会把自己忽忘了。”每个人的眼睛，总是很容易看向外在的世界，周围的人事，却很难看见自己，看见的也只是影子，想要看见自己，就需要借助镜子才能够做到，而别人的眼睛就是最好的镜子。

梁漱溟先生认为每个人都应该调整好自己，否则很容易陷入对自己的盲目认知中。但是这需要每个人自觉和反省，而人又总是不太容易知道自己有哪些毛病的，即便知道了，也不容易去调整。

东坡自认为境界已经很高，天地万物都无法动摇自己的心志，但是佛印的轻轻一拨动，他就无法再“端坐紫金莲”。站在佛印面前，他才知道自己不过如此。

有一次在金山寺和佛印禅师一起打坐，苏东坡觉得身心舒畅，于是问道：“禅师，你看我的坐姿怎么样?”禅师答道：“很好，像一尊庄严的佛。”苏东坡听了很高兴。佛印禅师接着问苏东坡：“学士，你看我的坐姿怎么样?”苏东坡从来不放过嘲弄禅师的机会，马上回答说：“像一堆牛粪!”佛印禅师听了也很高兴。

苏东坡见将禅师比喻为牛粪，禅师竟无言以答，心中以为赢了佛印禅师，于是赶紧回到家中，兴高采烈地对妹妹苏小妹说："哈，我今天终于赢了禅师!"苏小妹问道："你怎么赢的?"苏东坡得意地叙述起刚才的事情。

苏小妹天资聪颖，听了苏东坡的话之后，正色说："哥哥，你输了!佛家说，佛心自现，你看别人是什么，就表示你自己是什么。禅师的心中像佛，所以他看你像佛；而你心中像牛粪，所以你看禅师才像牛粪!"苏东坡哑然，这才知道自己禅功不及佛印禅师。

人贵在能够自省，但是自省实在不是件容易的事情。苏东坡是幸运的，他虽然也忘乎所以过，但是有佛印和苏小妹的提点，他不至于一直错到最后。智者不能自见其面，聪明如东坡者还是无法仅凭自己就认识自己，何况平凡之辈呢？很多人只看到别人的缺陷，却不知道自己也在犯同样的过错。

忠言逆耳利于行，魏征去世时，唐太宗曾叹息说："以铜为镜，可以正衣冠；以古为镜，可以见兴替；以人为镜，可以知得失。魏征死了，我失去了一面镜子。"在梁漱溟先生看来，每个人都需要一面这样的镜子，时时看清自己，就像有了病可以及时得到医治，而不至于最后病入膏肓。

静心，在安稳中开启灵性创造

梁漱溟先生说：“挺然是有精神，站立得起。安详则随时可以吸收新的材料，因为在安详悠闲时，心境才会宽舒；心境宽舒，才可以吸收外面材料而运用融会贯通。”在他看来，唯有静下心来，才能文如泉涌，福至心灵。

梁漱溟先生到北大讲学后，便开始研读儒家经典。他发现佛学只言苦，而儒家却讲乐。这两者的矛盾迫使他去寻求答案。这时，少年中国学会邀请他去作关于宗教问题的演讲。这件事情在以前本是很容易的，但现在他“写不数行，涂改满纸，思路窘涩，头脑紊乱”。于是，他放下笔，在《东崖语录》中看到“百虑交锢，血气靡宁”这句话才蓦然惊醒。于是调整心境，心平气和，直到后来重返儒家。

梁漱溟先生认识到自己在散乱暴躁的心境之下，很难认真地去做好每件事情。所以，他选择放下了手头之事，在平和的心境下确立了下一步的创作。每个人都是这样，修炼了静谧的心灵，才能有更好的创造。假如我们心气不静，就连吃饭睡觉这样的小事，也是做不好的。

有个弟子向慧海禅师请教说：“您是有名的禅师，和众人比有什么不一样的地方吗？”

慧海禅师答道：“有。”

弟子问道："是什么呢？能告诉我吗？"

慧海禅师答道："我感觉饿的时候就吃饭，我感觉困的时候就睡觉。"

弟子不以为然道："这算什么与众不同的地方，每个人都是这样的，有什么区别呢？"

慧海禅师答道："当然是不一样的。"

弟子问道："为什么不一样呢？"

慧海禅师答道："他们吃饭时总是想着别的事情，不专心吃饭；他们睡觉时也总是做梦，睡不安稳。而我吃饭就吃得安稳。这就是我与众不同的地方。世人很难做到一心一用。他们在利害得失中穿梭，囿于浮华的宠辱，产生了种种思量和千般妄想。他们在生命的表层停留不前，这是他们生命中最大的障碍。他们因此迷失了自我，丧失了平常心。"

欲速则不达。很多人每时每刻都在想着利害得失，反而会失去更多。世间万物都有自己的规律，花开月圆都有时，浑浑噩噩万事不为自然不好，但是急功近利地去拔苗助长同样也难以达到预期的目的。如果人生注定会被功名利禄所累，又怎能想得开呢？孙叔敖能够做到不畏权高，坦然处之，原因就在于他不仅知道地位的尊显为何会带来"三怨"，也有自己的应对之术，那就是坦然处之，做好自己的工作即可。他不盲目地去与反对自己的人斗，也不是尸位素餐，如此，既不会招致他人的怨恨，也不至于登高跌重，他最后果然得到了善终。

梁漱溟先生认为，人的读书其实在很大程度上也是为了培养自己这种既从容又挺然的心态，否则的话，“读书愈多愈无用”。每个人都需要内在的一份精神去支撑自己，有精神和暴乱的最大区别就在于暴乱之人找不到所对付的困难的关键所在，因此也就解决不了问题。而有精神的人，只要自己要做什么，怎么做，心中有底，就能专心致志，坦然地对待生活中遭遇的任何变化。就像弹奏吉他，只要那六根弦中哪根出错了，是太松还是太紧，进行调整，才能弹奏出美妙的音乐来。

李叔同

凡人亦能炼天心

李叔同是一个传奇。他以各种各样的方式把自己印刻在中国近代史上，手法一如他篆刻的印章，或圆润，或苍劲，刀刀让人惊叹。

他是津门巨贾的少爷，纵情声色，挥金如土；他是名动沪上的才子，“二十文章惊海内”“直把杜陵呼小友”。看他赴日留学前留下一帧照片，是上妆照，饰演的是黄天霸，勒着高高的抹额，宽大的褶子高高挥起，架势十足，英气逼人。

那样的风流少年，自然是多情的。他在与朋友应和嬉戏的诗中写道：“眉间愁语烛边情，素手掺掺一握盈”“佯羞半吐丁香舌，一段浓芳是口脂”，完全武陵浪荡少年的气派，香艳得令人咋舌——竟然看不出些许“一斛浊酒尽余欢，今宵别梦寒”的影子。他在安享人生的盛宴，全然不去想在这极致的繁华过后回首，会是怎样触目的苍凉。

然而乐曲总是在最激扬的时候急转直下。留日归来的他，艺术上有了质的飞跃，却在正想大展宏图的时候遭遇了家庭的破产。生命之花绚烂到极致，突然收敛，乱红飞得一片狼藉，他却淡淡地接受了，去做了一名普普通通的教员。他不但做了老师，而且教课极认真，深受学生们的尊敬和喜爱。

能对人生的起落看得如此通达，这似乎对他后来惊世骇俗的选择，是个先兆。

李叔同，李先生——弘一法师。

除了“惊世骇俗”，没有其他的词能够作为他这个人生抉择的定语。

1918年，在学生们伤感、不解的眼光里，他在距杭州虎跑寺半里路的地方换上了僧衣，头也不回地向佛陀的世界走去。“长亭外，古道边，芳草碧连天。晚风拂柳笛声残，夕阳山外山。天之涯，地之角，知交半零落。一斛浊酒尽余欢，今宵别梦寒。”李叔同的后半生，在夕阳的余韵里上演。夕阳是最美的，并且安然。他送别了自己的红尘人生，把原本如烟火般闪灭的生命在声声佛号中拉长。看他的故事，很少有什么修行是为了让自己往生成佛，他多半时间都是在弘法，教化众生。也许，他期许的并不是西方莲池里熏风的清凉，而是只想用佛的智慧熄灭人间业火，求得心灵的舒畅。

他教化人的演讲、与人相交的逸闻，都朴实而温情。他做老师的时候，会郑重地教育学生不要上课放屁，因为那会给周围的人带来困扰；做了和尚，他还会告诉学僧们不要看报纸、不要随便聊天，那会影响修行。他坐椅子的方式都与众不同，坐之前要摇一摇，警告椅子上还未来得及逃走的小虫。他的遗嘱第五条是专门针对蚂蚁的："……去时将常用之小碗四个带去，填龛四脚，盛满以水，以免蚂蚁嗅味走上，致焚化时损害蚂蚁生命，应须谨慎。"……透过纸页看弘一法师的人生，每每想要落泪，落泪的原因，是心底深深的慈悲。

郁郁黄花，无非般若；青青翠竹，尽是法身。李叔同的佛，是红尘的佛，他与他的佛同在俗世与红尘的交界，同在白日与黑夜的交界，他们永远浸润在夕阳的余晖里看咸阳古道，荒草满坡，传入耳中的不是梵音，是拂柳而来的幽咽笛声，那感觉是，"悲欣交集"。他的佛，在心中。

第十章　也让人生“索性”一把

千金难买年少，索性放手寻梦去

弘一法师在尘世时，因爱老法师“月上时”的髯随风飘的清姿，毅然出家，做了和尚。“只缘尘世爱清姿，莲座现身月上时”句，是他出家过程的真实写照。

弘一法师俗姓李，幼名成蹊，学名文涛，字叔同，名号屡改。1913年夏天，李叔同曾在西湖的广化寺里面住了好几天，住的地方是广化寺专门为在家的客人准备的住处“痘神祠”。李叔同时而会到出家人所住的地方去转转，那时，还谈不上信仰，他只是心里感觉到这种青灯古卷的生活“很有意思”，与佛教有亲近的感觉。

他的心思，大半还是在西湖幽雅的风景里，时常循着莲香的熏风荡舟去湖心亭吃茶。一次，学校里有一位颇为自傲的名人来演讲，李叔同和夏丏尊觉得无趣，偷偷溜出来又躲到湖心亭上去吃茶了。风从湖面上吹来，水汽氤氲，清凉舒服，夏丏尊随口说道：“像我们这种人，出家做和尚倒是很好的。”说者无心，听者有意，李叔同听到这句话，再一次觉得“很有意思”，后来自述说“这可以说是我后来出家的一个原因了”。

觉得有意思，李叔同便执行了。没有太多犹豫和纠结，也无所谓瞻前顾后，非常随性直接地选择了出家，成全了一生的追寻。这潇洒率性的“索性”二字，羡煞了多少世俗中人。

李叔同天生具备“索性”的豁达心境。没出家之前，夏丏尊曾经和李叔同一起商讨关于断食的文章，觉得很有趣味，但说过后，夏丏尊并没有当回事，转眼就忘记了。谁想1916年冬天，李叔同一时来了兴致，索性真的前往杭州大慈山虎跑寺试验断食，长达二十天。成功的断食使他觉得脱胎换骨过了，精神大为振奋。这次断食行动的后续，是他对素食产生了兴趣，回到学校后甚至叫师傅照寺庙的方法烧菜。一次索性的行动，却为他今后人生的佛缘奠定了基础。

因这“索性”得来的因缘，李叔同正式发心吃素，也由此种下参禅悟佛的这个梦想。进入冬天的时候，他请了许多经书研读，并在自己的房里供起了佛像，也天天烧香了。这一年放年假的时候，他没有回家去，而是到虎跑寺里面去过年。在此期间他与法师们倾谈，与佛学有了更深入的接触，“更感觉得有兴味了”。

同年，李叔同又在虎跑寺依了悟上人为剃度师，法名演音，号弘一。这一下，便真的“索性做了和尚”。消息传出，众人哗然，大家都以为这位风流才子对佛学只是爱好、感兴趣而已，谁也没料到他会剃度出家。他的日本妻子闻讯匆匆赶来，绕寺哀哭三日，但求一见，终未能如愿。

弘一法师的人生是传奇的，他皈依佛教的过程却是简单率性，水到渠成。他的佛缘让人肃然，但他率性而为、放手寻梦的潇洒，则更加让人钦佩。

人生苦短，韶光易逝，没有太多时间让我们踟蹰，有梦，就要去寻。有心愿，就要趁岁月未催，抓紧去了。在寻梦这件事上，“索性”不是冲动，而是勇敢，是激情，是促使自己迈出第一步的原始动力。当我们准备行动时，不要多想，听从自己的直觉和内心，索性去追寻吧。

命里浮华若朝露，索性关了戒门

李叔同接受剃度成为弘一法师。世人在哗然的同时难免会有疑问，他真的能抛开这繁华浮世吗?

后来的弘一法师曾经做过一首《落花》，提起人生，他只觉得浮华若朝露。一语道出了纷扰俗世的真谛。对尘世已看透，自然也对世间的种种诱惑了无兴趣。所以索性之下，弘一法师为自己，也劝诫世人，不如关了戒门。

学佛者当受戒，不对虚妄名利执迷，不为七情六欲烦恼。然而受戒容易，守戒难。持戒必须有智慧，戒生定。在内有烦恼外有诱惑时，降伏烦恼，控制感情。对于常人来说，虽不能以佛门清静戒律来约束，但常人应当学会控制自己的泛滥情感和欲望，以免让自己徒增烦恼。

佛法中之所以存在十分严格的“持戒”，是因为任何事物都需要有一定的约束。因此，弘一法师的一生都是十分注重受戒的，而且他认为要受戒就一定要坚持，倘若只是挂个名或者明知故犯则是最不好的，那还不如不去受戒。他认为，学佛者要能持五戒，“要知道：受戒之后，若不持戒，所犯的罪，比不受戒的人要加倍的大……万不可敷衍门面，自寻苦恼。”在大师看来，约束是一件非常严肃的事情，一定要认真对待。约束是什么，其实就是我们生活中所说的规矩。俗话说：“不以规矩，不能成方圆。”世间的万事万物都是要受到一定约束的，没有一件事物有绝对的自由。

很多人都崇尚自由、反对约束，但世界上有绝对的自由吗？正如歌德所说：“一个人只要宣称自己是自由的，就会同时感到他是受限制的。如果你敢于宣称自己是受限制的，你就会感到自己是自由的。”有约束的自由才是常态，世上并没有无约束的自由，而只有不同约束条件下的自由。

我们不难看出，约束和自由并非绝对的，而是相对的。有了约束才会有自由，因为自由存在的前提是束缚，没有各种各样比如道德法律上的约束和规定，或者各种人为的规则和要求，自由就无从谈起；另一方面，没有自由，约束也就失去了其本身具有的意义和作用。

人与动物的最根本的区别在于，人有一种非凡的能力，那便是：人懂得自我约束。

是的，方向盘对车轮的限制、约束，是为了不让它走错路，以至于跌到深渊之中；人们对花、草、树、木的约束也是为了塑造它们美的气质，让它们成为供人观赏的东西。

因此，约束是必要的，而且对人对事物的成就具有促进的作用。当自由被放任，欲望泛滥成灾，生活里的各个方面开始因此出现混乱时，不如索性关掉自己的“戒门”，严格要求自己，去繁化简，最后才能成就秩序、成就和谐、成就人生的圆满。

论人是非乃大祸，索性寡言

在弘一法师的好友眼中，弘一法师给人大多都是寡言君子的形象，很少发言，事事谨慎，不敢逾矩。因为在弘一大师看来，论人是非是中大灾祸，所以落实到自己身上，他便索性寡言。言多必失，为了“不失”，干脆少说。

所以弘一大师时常保持戒慎，不敢轻忽怠慢身边各种事情。

自古以来，能够明哲保身的名士，多以戒慎和少言闻名。鬼谷子就曾言：“口可以吃饭喝水，不可以多话。”意思是遵守口德，不乱说话。古语也说：“凡是丧身亡家的人，因说话起祸的，占了十之八分。”

如果一个人总是滔滔不绝地讲话，说得多了，话里自然而然便会暴露出来很多问题。而且，话多的时候难免会牵涉其他人和事。而又由于当时所处的环境不同，人的心理感受不同，而同一句话由于地点、语气的不同，所表达的情感也不尽相同，别人就难免会对你所说的话产生各种各样的误解，从而招来很多不必要的麻烦。

为什么人长两个耳朵一张嘴巴呢？就是为了多听少说。寡言，此事最为紧要。孔子云：“驷不及舌，可畏哉！”弘一法师在世时喜欢对弟子们说的一句话便是“寡言”，并且一再告诫弟子们在面对诽谤时一定要保持应有的理智，学会装聋作哑，因为沉默才是最好的武器，只有这样，一个人的修行才算是到了一定境界。当时有一段时间，弘一法师就因为忙于应酬而被人冠之以“应酬的和尚”之名，但他并没有去辩解什么，而是一方面检讨自己，一方面对此保持了沉默。弘一法师的这种方式无疑为我们提供了一种解决问题的方法。

装聋作哑之人是不会和人起争斗的，因为他听不到也说不出。别人也不会找这种人斗，因为斗了也是白斗。他如果还一再挑衅，只会凸显他的好斗与无理取闹。面对沉默，很多攻击便如同拳头打在棉花上，使攻击的对方使不上劲又无法发泄，最后只能怏怏而退。如果能够像一些禅师一样，说话时指东打西、牛头不对马嘴、不着边际，那更是对挑衅的最好反击方式。

苏轼在《石钟山记》中说："事不目见耳闻，而臆断其有无，可乎？"凡事不亲眼所见、亲耳所闻，而道听途说是不可以的。

道听途说是一种背离道德准则的行为，而这种行为自古以来就存在。在佛家理念中，慎言是持戒的第一要义。弘一大师十分反感道听途说的人，一个人只有谨慎言行，不做是非的传播者，才谈得上修身悟道。

古人说："赠人以言，重于珠玉；伤人以言，甚于剑戟。"证严法师也曾说："心地再好，嘴巴不好，也不能算是好人。"

弘一法师也常劝导信徒要忌恶语，他说："恶口，常闻恶声、言多诤讼。"言语上的恶劣是佛教的教义中所不容许的，弘一法师在著作中提到《华严经》，其中就将口出恶言当做是佛教中的第六大恶行。"良言一句三冬暖，恶语伤人六月寒。"人在高兴状态下，容易轻许诺言；人在醉酒状态下，容易胡言乱语；人在愤怒状态下，容易恶语相加；人在忧郁状态下，容易出语消极；人在烦躁状态下，容易语无伦次……所以才有这样的古语：喜时之言多失信，怒时之言多失礼。

有人说得好："悟性通天的人，说出话来很微妙；智慧高超的人，说出话来很简明；品行贤能的人，说出话来很清楚；芸芸众生，说出话来很繁杂；品德较差的人，说出话来很狂妄。”由此可见，言语谨慎、如履薄冰是十分必要的。

一生真伪谁知晓，索性不辩

那些令人崇敬的人，在做了选择的时候，并没有一一向世人辩解剖白。他们沉默、镇定、执著地朝着自己内心既定的方向走去。因为在他们心里，重要的不是留一世芳名，而是按照自己的构想，走完一生。

走自己的路，让别人去说，这是一种勇敢。但坚持走自己的路，不解释不辩白，这则是一种智慧。

眼睛无处不在。我们大惊喜时，想长啸一声来表达内心的喜悦，责备的眼睛马上浮现，不得不掩上微张的嘴巴。眼睛很讨厌，我们想做什么的时候，它总会出现，像一个一板一眼的教习者一样，用戒尺来衡量行动是否出格。眼睛长在别人身上，却刻在我们心上。所以我们不停地逢人就解释，试图让人人都理解我们的心意。但其实，这是徒劳的。

每个人都是一座孤岛，少有人能够完全理解另一个人。人生太累，是否因为不敢、不去走自己的路，所以只能和众人一起看着同样的风景。一百个人有一百种对生活的理解。只要自己认为对，只要自己觉得值得，又何必在乎在世俗的眼里，你什么样子。自由的心灵将指引我们幸福所在。如果，我们的心对世人多有怜悯，那便去做吧，管他人怎么说呢？即使被认为是傻子又如何！别人不做的、不愿做的、不敢做的，如果我们的心愿意、渴望去做，那便去做。人生真正的勇气不是压抑自己的内心，而是镇定自若，不慌张地对人解释。懂你的人不用解释，不懂你的人何必解释。

归省禅师担任住持期间，由于天旱，很少有人能拿粮食来养这些僧人，僧人们只能每天喝粥、吃野菜，个个面黄肌瘦。

有一日，住持外出化缘，法远就召集大家取出柜里储藏的面做起粥来。粥还没做好，归省禅师就回来了，小师弟们一下子就消失得无影无踪。

归省禅师看到法远居然把应急用的面用了，生气地说："谁让你这么做的？"法远毫无惧色地说："弟子觉得大家面如枯槁，无精打采，于是就把应急用的面拿出来煮了，请师父原谅。"归省严厉地说："依清规打三十大板，驱逐出寺！"

法远默默离开了寺院，但他没有下山，而是在院外的走廊上觅了个角落栖息下来。无论刮风下雨，都不曾动摇他向佛的决心。

归省禅师有一次偶然看见他在寺院的角落睡觉，十分吃惊地问道："你住这里多久了？""已半年多了！"法远说。"给房钱了吗？""没有。""没给房钱你怎么敢住这里。你要住，就得交钱。"

法远默默托着钵走向市集，开始为人诵经、化缘，得来的钱全部用来交房钱。归省禅师笑着对大众宣示："法远乃肉身佛也！"

法远是睿智的，做自己认为对的事，且不解释，走自己选择走的路，且不辩白。即使犯了清规，即使被驱出寺院，即使受到诸多非难，他仍然不改初心。如法远者，走自己的路需要大无畏的勇气，更需要沉默应对流言的意志，只要走下去，你的心境、意图，就会慢慢水落石出。届时，便更不需要剖白，因为一切都已经明了。所以，当我们遇到误会、委屈，不要想太多，索性闭上我们的嘴，沉默前行吧。

第十一章　探望人性中的黑暗，换一片花开

“福花”微薄，爱惜它才开

弘一大师对学佛者的建议里，其中一条就是要“惜福”。如果把“福”比喻成一枝花，那么这枝“福花”，只有在被人爱惜的时候才会盛开。

弘一大师说：“惜福并不是我一个人的主张，就是净土宗大德印光老法师也是这样，有人送他白木耳等补品，他自己总不愿意吃，转送到观宗寺去供养谛闲法师。别人问他：‘法师！你为什么不吃好的补品？’他说：‘我福气很薄，不堪消受。’”

弘一大师惜福，所以，每次吃完饭都会用舌头将碗舔一遍，将食物吃得干干净净，然后用开水冲入碗中，再喝下去。所以他穿的草鞋、衫裤一类五六年一换，用过多年的棉被面子也是补了又补，缝了又缝。他说，即使有十分福气，也只享受三分，愿以自己的福气，布施一切生。

拥有时不觉得可贵，失去后才感到后悔，这是人类的通病。饿到眼冒金星时，一个馒头胜过山珍海味；口渴到唇舌干裂，沟

渠中的泥水堪比琼脂玉露。累得每个骨节都在叫嚣，片刻的休憩抵得上无数个酣眠！为什么，只有在绝境处才明白平常日子的弥足珍贵？是不是，只有到山穷水尽的时候，才感到平凡日子的美好？是否，之所以觉得活着不幸福，是因为不曾遭遇过真正的不幸？常抱怨工作太忙太累，直到经济危机爆发，听说美国那么多的人失业，连一份送牛奶的工作都有无数的竞争者；总感到生活贫穷，直到见识到吃不饱饭、穿不暖衣的真正的穷人……

幸福，常常在他人的不幸中体现，不幸，也常常在比较中体现。其实，真正的幸福，又何须比较、何须对照呢？惜福的人，才能获得真正的幸福。一颗真正懂得珍惜的心才能感觉到真正的幸福。值得珍惜的，又岂止钱财地位名利，又何止父母妻儿子女朋友？世间万物的存在，都是值得去珍惜的，哪怕是一片小小的菜叶。

雪峰、岩头、钦山三位禅师结伴而行，有一天经过一条河流，正商量到哪儿去化缘、讲法，突然看到河中有一片碧绿新鲜的菜叶，缓缓从上游漂来。三个人议论开了。

钦山："你们看!河中有菜叶漂流，可见上游有人居住，我们向上游走，就会有人家了。"

岩头："这么好的一片菜叶，竟让它流走，实在可惜!"

雪峰："如此不惜福的村民，不值得教化，我们还是到别的村庄去吧!"

三人谈得正热闹，一个人匆匆从上游那边跑来，问："师父!你们看到水中的一片菜叶了吗？我刚刚洗菜时，不小心把它洗掉了，我一定要找到它，不然实在太可惜了。”

雪峰等三人听后，哈哈大笑，不约而同地说：“我们就到他家去讲法吧!”

一片菜叶看来是多么得微不足道，然而，它却经历了阳光雨露，感觉过清晨的凉爽，体验过夜晚的静谧，倾听过虫儿的鸣唱，展现过生命翠绿的绽放。这些，又岂是世俗价值可以衡量的？江上之清风，山间之明月，耳得之而为声，目遇之而成色，即使取之不尽，用之不竭，也需要珍惜。因为，它们具有的不是物质上的价值，而是心灵上的价值。

人世间，唯有惜福的人才有福。因为惜福，所以懂得要尊重每一件事物；尊重每一朵花的恣意开放，尊重每一个生命的独立与自由……因为惜福，所以知道人与物、人与人都是在一个特定的时空里相遇，一切皆是缘，惜缘就是惜福。

为自己辛劳，靠两手两脚栽花开

弘一大师在《青年佛徒应注意的四项》中重点强调了劳动，他说：“人的双手双脚是为劳动而生的，劳动原是人类本分上的事，若常常劳动，身体必定康健。不仅寻常的出家人需要劳动，即使到了佛的地位，也要常常劳动才行。”并且讲述了佛劳动的故事：

有一天，佛看到地上不清洁，自己就拿起扫帚扫地，许多大弟子见了，也过来一起扫地，不一会儿，把地扫得十分清洁。佛看了欢喜，随即到讲堂里去说法，说道："若人扫地，能得五种功德……"

又有一个时候，佛和阿难出外游行，在路上碰到一个喝醉了酒的弟子，已醉得不省人事了。佛就命阿难抬脚，自己抬头，一直抬到井边，用桶打水，叫阿难把他洗濯干净。

还有一天，佛看到门前木头做的横楣坏了，自己动手去修补。

有一次，一个弟子生了病，没有人照应，佛就问他说："你生了病，为什么没人照应你呢？"那弟子说："从前人家有病，我不曾发心去照应他；现在我有病，所以人家也不来照应我了。"佛听了这话，就说："人家不来照应你，就由我来照应你吧！"说完就将那病弟子大小便种种污秽，洗濯得干干净净；并且还将他的床铺理得干净、整洁，然后扶他上床。

有一次，佛看到一位老年比丘要穿针缝衣，无奈眼睛看不清楚，嘴里嚷道："谁能替我穿针啊？"佛听了立刻答道："我来替你穿。"于是便走过去为他穿针。

如果有人说劳动是一种幸福，听到这话的人第一个反应恐怕是嗤之以鼻吧：神经病！我就喜欢待着，有吃有喝，不用工作，一天什么都不干，那才幸福呢。或许是如此吧。然而，人们有时却在不需要劳动的时候怀念起劳动来。

农民忙过了秋季，享受整个闲暇冬季的时候，不免感到无所事事，心里很无聊。闲且贵的人，有些也会心血来潮租一块城市周边的土地亲自耕种些庄稼。忙碌的上班族，闲暇太久也会嚷嚷没意思，或许心里会想：还是工作好！

人们讨厌劳动，多是因为劳动过于劳累、过于繁难。但无可否认，劳动能带来幸福。将库房般脏乱的房间收拾得一尘不染，会使人获得一种明亮的幸福；将堆积很久的工作快速完成，会使人获得一种充实的幸福；将众多的知识技能搬进脑海里，会使人获得一种沉甸甸的幸福。不劳动，等待自己的便是无聊、空虚、寂寞，若想生活充实，怎能缺少劳动呢？

取舍之间，唯心而已

弘一大师曾说：“不可闲谈、不晤客人、不通信（有十分要事，写一纸条交与护关者）。凡一切事，尽可俟出关后再料理也，时机难得，光阴可贵，念之！念之！”舍掉闲谈，舍掉见客，舍掉与人通信，用留下的时间来闭关修炼、研究佛法，弘一大师因此取得了佛学上的大成就。

有这样一句话：“人降临世界的时候，手是合拢的，似乎在说：‘世界是我的。’他离开世界的时候手是张开的，仿佛在说：‘瞧啊，我什么都没有带走。’”是的，其实人生就是一连串取舍的过程，有取就有舍，有舍才有得。鱼和熊掌不可得兼，懂得取舍，是人生的一种境界。

有两个禅师是同门师兄弟，都是开悟了的人，一起外出行脚。从前的出家人肩上背着一个铲子。这个铁铲有两个用处，一个是可以随时种植生产，带一块洋芋，把洋芋切四块埋下去，不久洋芋长出来，足够吃饭，不用化缘了。另一个是，路上看到尸体就埋掉。两师兄弟在路上忽然看到一个死人，一个挖土把尸体埋掉；一个却扬长而去，看都不看。

有人去问他们的师父："您两个徒弟都开悟了，我在路上看到他们，两个人表现是两样，究竟哪个对呢？"师父说："埋他的是慈悲，不埋的是解脱。因为人死了最后都会变成泥巴的，摆在上面变泥巴，摆在下面也变泥巴，都是一样，所以说，埋的是慈悲，不埋的是解脱。埋也对，不埋也对，取也对，舍也对。"

取舍之间，很多时候，人们向往去取得，并且认为多多益善。然而，"取"却是以"舍"为代价的。取到多少，就会舍掉多少。有时候，取舍是由个人主观意志所决定。例如，弘一大师，他舍去了世俗婚姻家庭，得到了佛法的博大精深；舍掉了红尘爱恨嗔痴，得到了心灵的圆满平静。这取舍，是由他自己做主的，心甘情愿，罔顾周围人的劝阻。而有些时候，取舍是不知不觉间命运的安排。《笑傲江湖》中令狐冲被师傅罚到后山面壁思过，因而失去了与小师妹朝夕相处的机会。恰巧林平之到来，令狐冲在师妹心中的重要地位自此被林平之所取代，而正是由于这次面壁思过，使他发现了石壁后的秘密，自此逐渐走向了武学大道。

现实生活中，取舍比比皆是，而很多取舍，并非命运所定、无法摆脱。诸多的取舍，还是掌握在我们自己手中的。

商人重利轻别离，舍掉家庭的和和美美，用孤寂繁忙得来苦苦追逐的利益，这是商人的取舍；玄武门李世民杀兄弑弟得到皇位、这是政治家的取舍；荀巨伯盗贼入关时宁死不弃朋友、程婴忍受世人误解唾骂抚养赵氏孤儿，这是君子的取舍；朱自清宁愿饿死不领美国救济粮、鲁迅弃医从文唤醒浑浑噩噩的国民大众，这是爱国者的取舍………生活中的诸多选择是非常沉重的。因为我们作出一种选择，在得到的同时就意味着放弃、舍弃一些别的东西，一旦放弃，往往意味着不再拥有。

如何面对人生中的取与舍呢？俄国作家奥斯托洛夫斯基曾说："人最宝贵的是生命，生命属于我们只有一次。人的一生应当这样度过：当他回首往事的时候，他不因虚度年华而悔恨，也不因碌碌无为而羞耻……这样，在他临死的时候，他就能够说：'我整个的生命和全部的精力，都献给了世界上最壮丽的事业——为人类的解放而斗争！'"或者取，或者舍。当我们回忆往事的时候，不会为自己的取舍感到后悔，这样的取舍便是正确的、值得的。

第十二章 用一颗“空心”，盛装世间美好

把私欲清空，用慧心惠人

弘一大师修佛的目的并不是为了自身的超脱，而是为了去普度众生，去担负一切众生的罪恶，愿意去代替他们受苦。临终时，他留下“悲欣交集”四个字，他的人生已经是华枝春满、天心月圆，欣是自然，悲又何来？悲的不过是众生之苦难普度，他一人的力量又哪里承担得起众生的苦难呢？心有余而力不足，是以悲也！众生之苦何以解脱？众生若真心帮助他人，苦难自然也消除了。

夜晚是黑暗的，只因为众人都不肯为他人提一盏灯笼；夜晚是光明的，只因为有肯为自己提灯的盲人。盲人的眼睛虽然看不见，心却无比明亮宽阔；正常人虽然耳聪目明，却只顾一己之私。一个人若想避免被人碰倒，就要小心不碰倒别人。一个人若想得到别人的帮助，最好先给别人以帮助。

天堂和地狱的区别只是人心的区别。一个只想得到不想付出的人，得不到；一个愿意付出不求得到的人，却会得到。此生最

美的报偿，莫过于帮助后来者打开关闭的门，在漆黑的夜里为他人点亮一盏灯，主动将长柄汤勺里的肉汤喂给对方。

世人没有不想得到的，却很少有愿意付出的。然而，正如种庄稼一样，春种一粒粟，秋收万颗子。给予是得到的前提。同样地，也和种庄稼一样，种瓜得瓜，种豆得豆，给予别人什么，也将得到什么。

弘一大师曾说：“我在泉州草庵大病的时候，承诸位写一封信来，各人都签了名，慰问我的病状，并且又承诸位念佛七天，代我忏悔，还有像这样别的事，都使我感激万分！”弘一大师能得到别人的关怀，是因为他先给予了别人关怀，他种下了善因，所以收获了善果。

清空心灵，悠游人世间

弘一大师是一位清空了心灵的僧人。生平不求名誉，别人写文章赞扬他的师德，他却对此进行斥责。他一生都不曾贪蓄财物，他人供养的众多钱财，大师都用在了弘扬佛法、救济灾难等方面。他一生都没有剃度弟子，而全国僧众多钦服他的教化。他一生中也不曾任寺中住持、监院等职，而全国寺院多蒙其护法；他的一生不求名利，却使众生都得到莫大的利益。

当品格自然高洁、不染尘泥的时候，便是智慧清明的时候，放下的是对外物无止境的追求，得到的是无限拥有的可能。

宋朝的雪窦禅师和弘一大师一样具有纯澈心灵。雪窦禅师喜欢云游四方访学。这天，禅师在淮水旁遇到了曾会学士。曾会问道："禅师，你去哪里啊？"雪窦回答说："不一定，也许去往钱塘，也许会到天台那里去看看。"曾会建议道："灵隐寺的住持珊禅师和我交情甚笃，我给您写封介绍信，您带去交给他，他一定会好好招待您的。"

于是雪窦禅师来到了灵隐寺，但他并没有把曾会的介绍信拿出来，而是潜身于普通僧众之中过了三年。三年后，曾会奉命出使浙江，便到灵隐寺去找雪窦禅师，但寺僧告诉他说并不知道这个人。曾会不信，便自己到云水僧所住的僧房内，在一千多位僧众中找来找去，终于找到了雪窦禅师。曾会不解地问："为什么您不去见住持而隐藏在这里呢？是我为您写的介绍信丢了吗？"雪窦禅师微笑着回答道："不敢，不敢。我只是一个云水僧，一无所有，所以我不会做您的邮差的！"说完拿出介绍信，原封不动地交给了曾会，两人相视而笑。曾会随即将雪窦引荐给住持珊禅师，珊禅师甚惜其才。

后来，苏州翠峰寺缺少住持，珊禅师就推荐雪窦去任职。在那里，雪窦终成一代名僧。

雪窦禅师是清空了自己心灵的人。他清空了心灵里世俗生活积存下来的枯枝败叶。只有清空心灵，才能最大限度地获得生命的自由与独立；只有清空心灵，才能收获未来的光荣与辉煌；只有清空心灵，才能超出欲望的需求而追求品德的完善。清空心灵的时候，就是一个人做到无欲的时候，就是放弃了心中杂念的时候。

布袋和尚曾写过一首诗：“一钵千家饭，孤身万里游。睹人青眼少，问路白云头。”体悟到其中妙处的弘一法师，得道而逍遥那是自然的了。

能够放下世间的一切假象，不为虚妄所动，不为功名利禄所诱惑，一个人才能体会到自己的真正本性，看清本来的自己。

心中无嗔便是净土

愤怒是一座活火山，它爆发的时候，会将一切美好化为灰烬。

在佛家愤怒被称为“嗔”，弘一大师曾说：“不嗔，嗔习最不易除，‘一念嗔心，能开百万障门。’可不畏哉！”弘一大师在出家前就深知远离愤怒、保持冷静的道理，他为人一向平和。即使在他身为老师，面临课堂上有学生现场捣乱时也没有发怒，而是在课后找那名捣乱的学生心平气和地谈话，而且这招还挺管用的，比在课堂上发作效果好多了。

生活中，常有这样那样的事令我们心生愤怒，而在我们火冒三丈的时候，伤害的不仅是别人，更是我们自己。世间万物，危害健康最甚者，莫过于怒气，“气”乃一生之主宰，与人体健康关系甚密。若“心不爽，气不顺”，必将破坏机体平衡，导致各部分器官功能紊乱，从而诱发各种疾病和灾难。所以《内经》就明确指出：“百病生于气矣。”

生气和发怒是身心健康的最大障碍。一个人要想生活得幸福、安然、自在，必须摆脱“嗔”的困扰。

古贤云：“二十年治一怒字，尚未消磨得尽。”弘一大师观此二句，不由得感叹：“嗔习最不易除。”“我等亦不可不尽力对治也。可不畏。”

究竟何为“嗔”。在佛家术语当中，嗔是怒、生气、胡言的意思，也是佛教认为的“贪、嗔、痴”人生三毒之一。愤怒的人往往在愤怒的同时丢失了自己，弘一法师似乎是在出家前就深知远离愤怒、保持平和的道理。他为人一向平和，即使在他身为老师面临课堂有学生现场捣乱时也没有发怒，而是心平气和地与之谈话，而且这招还确实挺管用的，比发怒更有效。

一个人在日常生活中，总是有各种各样的立身为人的原则，一旦别人冒犯了自己，往往会怒不可遏，火冒三丈，最终被心中怒火冲昏了头脑，不但伤害了别人，还伤害了自己的身体。容易生气甚至发怒是人的一个普遍特征，殊不知，生气和发怒正是一些人生病或失去生命的重要原因。一个人要想生活得幸福、安然、自在，必须摆脱“嗔”的困扰。

俗话说：生气是拿别人的过错来惩罚自己。对别人宽容一些，其实就是对自己的宽容，一个不懂得宽容别人的人，最终将伤害到自己。

自己不气，便没有气，心中无嗔，便是净土。佛陀说过："对愤怒的人，以牙还牙是一件不应该的事。对愤怒的人，不以牙还牙的人，将可得到两个胜利：知道他人的愤怒，而以正念镇静自己的人，不但胜于自己，而且胜于他人。"学会以豁达的心胸待人处世，不以人之犯己而动气，以祥和慈悲的态度面对一切事、一切人，不含嗔心，这样才是最好的养生，这样才能获得快乐的人生。

胡适 人生是一个漫长的求证过程

胡适的名字出自当时盛行的达尔文说："物竞天择适者生存"的典故。大学毕业后，师从哲学家杜威，接受了杜威的实用主义哲学，并一生服膺。胡适说，赫胥黎教会了他怎样怀疑，杜威先生教会了他怎样思想。因此胡适毕生宣传自由主义，提倡怀疑主义。"大胆地假设，小心地求证""言必有证"的治学方法。这是他一直推崇的事。

虽然极力推举怀疑论，但这并不影响胡适成为一个天真的哲学家。人说，"少不读鲁迅，老不读胡适。"胡适的文章，总是有少年人的意气风发，若没有一颗天真的心，那么多生命的波折，怎会颠扑不破一个本该易碎的少年梦？书生报国成何计，难忘诗骚李杜魂。诗书不忘报国，报国不忘诗书，胡适一方面醉心于国学研究，一方面铁马冰河入梦，总放不下家国大事。于是，他在学事与国事间穿梭，我们难以想象要有怎样的责任感与激情，才能支撑他在那些工作中付出那么多的精力、取得那么多的成就。这高强度的劳动任谁都难以支持，然而他却坚持了下来，而且看起来那么从容。这是一种君子的隐忍，没人看得到他到底付出了多少，也因而模糊了他在人前真实的面容。

有人说他战时做美国大使四年，坐着一个“肥缺”，家里却在闹财政危机，送上门的特别费他也不动用。他的考据癖不仅用在学问研究里，还用在了研究贪污腐败上，他用娴熟的考据功夫考证出海军沉船是假，宋子文挪用公款散布谣言迷惑公众视线是真，抓贪污抓到了四大家族头上，后果可想而知。他年老时与中国台北街头卖麻饼的小贩相交，有人拿麻饼给他吃，他接过来一看便笑了，说“这是我的一个朋友做的”。他天真地认为，台北市芝麻饼都是他的朋友一个人做的。

他就像一壶酒，人人争相品啜他的滋味，他博学，他严谨，他亲切，他圆滑，他谦和……大家品出了他与一个时代、与一个社会地位相配的复杂滋味，却没有细细回味过这杯酒入口时的那股清洌甘醇。

这样一位学贯中西的大儒，却有这样天真的心性，着实难得。其实，天真源自他质朴的性情，一如他的谦和，是骨髓里蕴藏的气韵。胡适不是他最初的名字，他的本名叫嗣穈。穈是父亲为他取的名字，麻禾生的意思。他不是那个“适者生存”的胡适，田野间绿叶萋萋的麻禾才是他灵魂的源头。一个多世纪以前，他就带着那样纯真的灵魂底色走出了故乡绩溪。

当少年胡适怀揣着母亲亲手做的饼子，轻曳着驴子的缰绳走出绩溪上庄村的时候，回过头去最后看了一眼深深眷恋的母亲。驴子的蹄子踏碎早春的累累花苞，空气中溅起清淡的略带辛辣的香气，他的黑眼睛深处藏满了质朴天真。他不知道，他的行程延续到的不仅仅是幻想中繁华绮丽的上海，而是更为遥远的美国、英国、法国……世界广阔的版图都是支撑他生命行程的平面。他将走入的，是中国近代最为激烈、传奇的一段历史。

第十三章　给人生一个假设，给命运万种可能

质疑，是人生最初的清醒

胡适在康奈尔大学就读时，念的是农学系。念到第二年的时候，胡适选修了一门种果学的课，他分到了四十个不同种类的苹果、一把小刀、一本苹果分类册。他要根据茎的长短、果脐的大小、果上棱角的特征、颜色、切开后所测出的果肉的韧度和酸甜的尝试、肥瘦等，将苹果分成四百多种。五十一年后，胡适回忆起此事时说："晚上我对这种实习起了一种念头：我花了两小时半的时间，究竟是在干什么？中国连苹果种子都没有，我学它什么用处？自己的性情不相近，干吗学这个？这两个半钟头的苹果实习使我改行，于是决定离开农村，改学文科。"

多亏有了这场质疑，让胡适的人生从此有了转变。接触到哲学后，胡适更加成了一个虔诚的怀疑论者，而很多真理，就在他的质疑中渐渐水落石出。

人生是由一次又一次的怀疑构成的，有了怀疑才会有选择，有选择才更容易确定前行的目标。没有人一出生就明确自己的目

标，只有在成长中前进，在前进中质疑，才能摸索出属于自己的人生道路。普通人与成功者的区别就在于，普通人畏首畏尾，安于现状，不敢轻易怀疑既有的事实；成功者却敢于不断质疑，不断修正自己的人生目标，让自己与成功越靠越近。

很少有人知道，身为“软件帝国掌门人”的盖茨，年轻时的理想是成为律师或科学家。然而每个人都看到了，后来他找到了最适合他的成功方式。如果他不在最初对自己是否更适合律师或者科学家这些行业产生质疑，又怎么会取得后来的巨大成就呢？

很多人在为自己选择目标时，都感到过犹疑，一方面是自己兴趣、爱好和特长的召唤；一方面是社会、学校、家长的压力，两难取舍，不知谁对谁错，不知该何去何从。正确的人生理想，应该把人带入正确的人生方向。做自己感兴趣的事情，扬长避短，才能保持奋斗的热情。

太多人随波逐流，只要在大众认可的道路上，便无心再去怀疑，更有可能会因为他人的原因而放弃自己追求的理想，可能获得一时的安然。然而，随着心智的成熟与阅历、知识的增加，就越来越会感觉强迫选择下的目标是那么乏味，从而丧失前进的力量。届时再质疑，效果可能大打折扣。可以说，胡适之后的辉煌成功源自他青年时代的这次勇敢的质疑。可见，及时质疑人生问题，修正人生的目标，敢于选择未来的方向，才能充分发挥自身的才华，在人生舞台上找到属于自己的最能发挥个性与魅力的角色。

自问，给人生一场低调的冒险

1919年4月，《凡尔赛和约》有关中国的内容传来，激发起了北京的青年学生们喷涌的热情。这场声势浩大的学生爱国运动里，自然少不了胡适的身影。5月6日，胡适去上海公共体育场参加国民大会，他想一睹上海演说家们的风采。天气非常热，别人都是单衣衬衫，胡适没有带单衣服。彼时胡适的母亲刚刚去世，胡适重孝在身，为了好套黑纱，穿着里子是绒布料的布夹袍，外面还套着线锻的马褂。在人群中挤来挤去，胡适的衣服很快湿了，从里到外都湿透了。于是他从游行的队伍里出来，沿街找服装店，预备买一件单薄点的布衣服。但是买了好久都买不到，衣店里出售的衣服要么是绸料的，要么不合身。

忽然，胡适停下来问自己："我为什么一定要买布的衣服？因为我有服在身，穿了绸衣，人家要说闲话。我为什么要怕人家说闲话？"

问到这里，胡适无法自答。于是他对一旁的好友说："我改主意了，去买绸衣服。"

胡适很快买来了合身的衣服，更换衣服的时候，他心里还在想，在袖子上蒙一条黑纱，但显得不伦不类，于是想了一下，他把黑纱拿了下来。胡适的丧服一共穿了五个月零十几天，时间甚短，但没人会怀疑胡适对母亲的孝心。而胡适也根本不介意人家是否对他产生怀疑。他从他的自问中找到了答案，也找到了自我。

我们是否也在匆忙前行的过程中驻足自问过自己。也许未必能追问出意义，但最难能可贵的，不是意义的本身，而是我们自问的这个举动和过程。就像我们曾经阅读过的探寻宝藏的故事，真正吸引我们的，不是最后找到的宝物，而是探宝途中惊心动魄的历险过程。

没有人能安享一帆风顺的人生，总是会在生活中遇到各式各样的挫折。当我们遭遇了挫折，是否能够沉下心来，自问到底问题出在哪里，而不是凭空去怨天尤人。很少有人会想到，即使是少年得志、一生严谨积极的胡适也曾有过堕落的生活。不过，强者与弱者的不同就在于，弱者会被迷茫的人生所淹没，强者却不会在堕落的生活中沉沦醉死，他们会清醒自问，在自问中找到振作起来的理由，走上新的生活道路。

胡适与不好的朋友结交，学坏堕落，是为可耻；但他无数次地扪心自问，保持内心清醒，才不至于彻底沦落，所以在他年纪轻轻的时候就能够迷途知返，并奋而向更高的目标努力，反而更让人敬佩。这个故事让我们看到了一个真实的、与普通人一样有七情六欲的胡适，也让我们看到了一个把持自我，追求本真、不向生活妥协的胡适。

生活中的苦难并不可怕。可怕的是遭遇苦难，我们便会迷失其中。谁都曾遇到不如意的事情，强者与弱者的区别就是，弱者妥协于生活，而强者会认清苦难的来路，和自我协商，和自我并肩，共同抵抗。当你自问：我真的一定会被生活的苦难打倒吗？也许这时，正是你振作的开始。

假设，如果人生有另外一种可能

胡适读大学期间，结识了外国友人韦莲司，两人相谈甚欢。有一次韦莲司提到，她给红十字会写信，想到军中当护士，但遭到对方的驳回，因她没有任何相关的经验。胡适听闻此事，大吃一惊。惊讶于韦莲司身为女性竟然能有如此高的觉悟，但因为实际情况的不允许，这项提议终究被搁置了下来。

彼时韦莲司还在专攻绘画，但是经她自己这样一提议，人生就多了一种可能。如果她的军中护士一事可行，那么也许韦莲司的人生走向，也会和之前大相径庭。也许更波折，也许更有收获，但因为多了一种可能，也因此多了一份精彩。

胡适因为发现了苹果对自己的人生毫无用处，从而转向哲学，使人生走向了“最好的可能”。我们的人生又何尝不是如此？如果某一天，你静不下来，给自己的人生做一个认真、严谨、客观的假设，总能从其中找到一种，甚至万种可能性。尽管那些可能有些很模糊，有些不易实现，但至少，有可能的地方，就有希望。当你沿着唯一的那条人生之路走到穷途末路时，想起了人生还存在另外一种可能，是不是也能找到“柳暗花明又一村”的豁然开朗呢?

人生有一万种可能，只要努力追求，那一万种可能都将是好的，并且一定会有一种成为现实。

电影《罗拉快跑》里，讲述了为了得到10万马克并营救男友曼尼，罗拉不得不在20分钟之内拼命地奔跑。导演假设了三种过程，于是随之出现了三种结果。

这和“蝴蝶效应”的原理非常相近：一只蝴蝶今天在汕头扑动了翅膀，可能造成明年春天纽约的大雪封天，这连锁反应，来自我们所生存的是一个因果无限牵连的世界。那些与罗拉擦肩而过的人，也因她不同的奔跑速度，而改变了人生。或许这些人的生活跟罗拉没有丝毫关系，但导演高明之处在于把他们的生活历程，以图片快速演示的方式放映出来。

人生有很多岔道口，每个岔道口都有无限个选择，每一个选择都会将我们引向不同的未来。也许，我们不能回头；也许，我们在冥冥之中会回到原点；也许，每一次努力，只是为了重新再选择。如果我们把人生的结果看作命运，那么这种“命运”其实只是马后炮。很多所谓的必然，不过是各种偶然的组合结果。

所以，当你在某一条你坚守的道路上，已经走得十分疲惫了，但还是看不到任何的光明，那么此时不妨给自己一个假设，假设你转行其他的道路，假设你换一种方式前行，也许会从中找到不同的答案。这就好像没有人规定胡适一定要做一个农学专家，他也可以是学者、文人、诗人。也没有人规定我们一定要做个教师、办公室文员，我们也可以为人生开始做出别样的选择，过不随波逐流的生活。但前提是，我们要有足够的勇气，为人生做假设。要有足够的能力，将这假设由可能变成现实。

践行，试探可能的人生是否可行

因为提倡怀疑主义，所以胡适很注重理据。而理据最好的依托，就是践行，通过践行后得来的理据，才能更为人所信服。胡适不单单只在学术上身体力行地践行，在生活中的时时刻刻，他都在“践行”。胡适有一个朋友，卖饼的小贩袁飏，有一次两人见面，讨论了一些政治问题，其中谈到社会改进问题时，胡适说“社会的改进是一点一滴累积起来的，只能有零售，不能有批发。”然后又联系到生活，说出了践行的重要性。践行需要有正确的方式方法做指导，如果没有正确的方法作为指导，所有的汗水、泪水，甚至血水都会付诸东流。没有带来更多的价值，再天衣无缝的真理也不会具有实际意义。但若真理是通过践行得来的，那么该真理就会成为最好的理据，帮助人们解决更多的问题。

无论是真理、还是结论、目标、梦想，都不是凭空设想出来的。它们都应该在一定的事实基础上建立，然后再通过践行来证实其可行性。成功是一个不断积累的过程。成功者为了在这场马拉松战役中获得成功，往往会制订一个个量化的具体计划来践行自己的目标。有详细计划的推动，目标就不再是空洞的口号，人们才能够被激励、鞭策，处于一种昂扬、激奋的状态，才会去积极进取、创造，并向着美好的未来挺进。如果没有践行的过程，只是含含糊糊地给自己确定一个大概的目标，希望在未来的过程中看情况加以调整或更改，那么，即便你的计划再远大宏伟，没有践行过，也只能是如海市蜃楼般虚无缥缈。

每个人都曾有过“我想当一名成功的医师”“我要当航天飞行员”“我要当科学家”这样的念头。也有的比较具体，如：“要发明能有效治疗胃痛的药物。”前者是一个宽泛的目标，践行起来也需要一个明确的方向和步骤。后者则更具体，只需要把践行的内容具体落实即可。

宽泛的目标有整体的观点，可以解放想象力，帮助我们探究所有可能的选择。但是，广泛的计划却不能使我们确定自己所要做的是什么。由于这个缘故，我们需要具体的目标计划。因为具体的目标计划则更有践行的可行性。

每一个目标的最终实现，都需要事先确定一个切实可行的计划，并为之努力直到实现。

当我们的人生出现了种种的可能，哪一种最好最适合我们，最有可能为我们的人生带来幸福，这些都不是凭直觉就能决策出来的事，我们需要务实的、有效率的计划来一一践行这种可能是否可行。因为人生有不可挽回性，假如我们凭借直觉做出了错误的选择，想回头，已是百年身。因此我们面对种种选择时，不要着急，慢慢去践行，最好的答案总会在你全力努力过后呈现。

第十四章　不必多心，这世界只需要你用心去爱

要快乐，就把每个人都假设成好人

在做学问上，胡适向来提倡要持怀疑心，他本人也是个勇于质疑真理的人，他曾说："怕什么真理无穷，进一寸有进一寸的欢喜"。但人生毕竟不是做学问，没有那么多的真理可供人质疑，相反，人生更多的是与人纠缠，而古人向来有"人心叵测"这个说法，越是疑心它，越是问题多多。胡适当然也明白这个道理，所以他又强调说，对待原则，要不疑处存疑，而对待人事，则要可疑处不疑。可见别人的心，是一件不能深究的东西，否则反而会徒增烦恼。

胡适认为，动辄投人以研究的眼光，不是真聪明人所为。真正大智慧者，会待人以宽，于有疑处不疑。善"疑"既是好事，又是坏事。在做学问时多几点疑心，能探究出前人治学的失误和不足；但是与人相处要是疑心重，就会把自己置于疑神疑鬼的云雾中，觉得人人都不可信，其他人也会对你敬而远之，不付出真心。

胡适刚刚到中国公学担任校长，就做了一件让所有人大跌眼镜的事：聘用了沈从文到中国公学当老师。实际上，文学大师沈从文并没有接受过正式的高等教育。14岁时，他参加了本乡的土著部队。1923年到北京，在北大旁听，辛苦自修。沈从文勤奋而身具天才，他不断在报纸上发表小说，1926年，就出版了第一本小说创作集《鸭子》。沈从文的理想是做一名学者型的作家，想当教授。行伍出身而没学历，却想做教授，简直是痴人说梦。然而，让所有人吃惊的是，胡适给了他这个机会。1929年9月，沈从文离京抵沪，做了中国公学的老师，主讲“新文学研究”和“小说习作”。

沈从文第一次上课就出了丑。面对台下一群学生，他一下子怯场忘了词，之前背得烂熟的教案一个字也说不出。在学生们的注视下，他拿起粉笔在黑板上写道：“我第一次上课，见你们人多，怕了。”以此为契机，他终于想起了要说什么，开始了人生的第一堂课。

沈从文忘词的事情不胫而走，在师生中传为笑谈。有人趁机对胡适说，沈从文上课出这么大的糗，不如让他走人。胡适既然选择了沈从文，就是充分信任他的实力，他回答说：“上课讲不出话来，学生也不轰他，这就是成功!走什么人?”

沈从文学问深厚，再加上教书认真，慢慢在学生中积累了好口碑，成了交口称赞的好老师。胡适的“用人不疑”在实践中又一次获得了成功。

试想，如果沈从文出师不利，胡适就对他的能力产生怀疑，匆忙罢免了他，中国公学就会失去一位好老师。而沈从文受此打击，文学史上也许就会少了一位风格清新隽永的大师级人物。

我们敬佩胡适待人的赤诚，同时也要看到他为什么能坚持这种信任。谁也不会为陌生的事物打包票，要做到于有疑处不疑，前提是你要对此人有充分的了解。唯在充分了解的前提下，若有危机发生，才能坚定自己之前的想法，不给疑虑乘虚而入的机会。

有一说一，赠人一份朴素的公平

胡适在他的文章中曾经提到过，给一切青年一条劝告，那就是“有几分证据，才说几分话。有一分证据，只可以说一分的话，有三分证据，只可以说三分的话。”

生活遭遇波折时，我们通常的反应就是抱怨上天对待我们不公平，却很少有人停下来驻足反思：自己是否也曾不公正地对待过身边的人、走过的人甚至毫无干系的人。如果我们在向上天索求公平之前，也能真正做到公平地对待他人，也许也就不会有那么多的抱怨了。

古人常说，谨言慎行，做事要谨慎，说话也要思虑过后再出口。世上的事情，本就真假难辨，亲眼看到的尚不可信，没有亲眼所见的事情，更不可多说、胡说。

胡适一生在学术、政治中周旋，处处小心，说话尤其谨慎，少了许多麻烦上身。但是以胡适之谨慎，依然也犯下过道听途说、妄下结论的错误。据《胡适之先生晚年谈话录》载，1961年一个春天的周末，钱思亮夫妇晚饭后来胡适家聊天。胡适那天心情很好，讲了许多名人的趣事，他提到了翁文灏、李四光、陈寅恪等人，还谈到了冯友兰。

胡适说："在天主教办的一个刊物上，知道冯友兰在那边认过一百三十次的错。自己承认是无可救药的资产阶级。他本来是个会打算的人。在北平买了不少的房地产。一九五〇年（此时中美关系已经中断，应是胡适误记）在檀香山买了三个很大的冰箱带回去，冰箱里都装满东西，带到大陆去做买卖，预备大赚一笔的。他平时留起长胡子，也是不肯花剃胡子的钱。"

在胡适的言辞间，冯友兰人颇吝啬，俨然一个小气的商贩，事实果真如此吗？宗璞为怀念父亲冯友兰先生而于1992年撰写《三松堂岁暮二三事》一文，其中提到了冰箱的下落：

"回想起来，父亲和母亲一生自奉甚俭，对公益之事总是很热心的。1948年父亲从美国回来，带回一个电冰箱，当时是清华园中唯一的，大概北京城也不多。知道校医院需要，立即捐出。近年又向家乡唐河县图书馆和祁仪镇中学各捐赠一万元。款项虽小，也算是为文教事业做出的小小的呐喊吧。”

以冯友兰学人身份，在战火纷飞的年代，必然想不到去做买卖，买冰箱自然是为了生活方便。而且，这冰箱最后他也没有留用，而是捐献给了清华大学校医院。所谓人言可畏，传到胡适的耳中，冰箱成了赚大钱的工具，而且一台变成了三台。一个勤俭、热心为公的老人，被传言扭曲成了吝啬利己的小人。而胡适，在毫无感觉的情况下成了谣言的传播者，若他得见宗璞的文章，不知该作何感想？

一个“口”字，四面有墙，封堵得严严实实，方能放的正、摆的牢。说话口风要紧，不该说的不多说一句。唯有如此，才能活得稳妥踏实，不为自己招惹是非，也不为别人招惹是非。

心坚定，流言也绕行

对冯友兰的误解说明，即便是像胡适这样一生追求人生至理的大师，都有可能犯道听途说，妄加论断的错误，更何况是我们寻常人呢。在越加喧嚣时代，信息在飞速传递，真诚无隔阂的交流却越来越少，人心变得越来越冷漠，加之人际关系的利益化，人人都为了五斗米折腰，少有人有时间、精力去体味另一个人的真心，匆忙之间，很难会对别人的事有全面了解，从而产生有失偏颇的言论。别人误解我们，这是在所难免的事情。有的时候流言四起时，更会感觉到孤立无援，但是我们永远不能左右别人对我们的看法，不能控制流言，我们唯一能做的，就是坚守我们的内心，沉默地抵抗。

人们说话总喜欢渲染，不知不觉就会把事实夸大。人们为了达到种种目的会忽视言语不实的危害，这种例子在今日很是常见，在民国时代也时有发生。

1919年，北大要进行关于文理合并的改革，理科的秦景阳建议用教务长取代学长，蔡元培对此建议进行了多方的思考和探究，但是还没有决定采纳实施。就在此时，一家报纸刊载出了一篇通讯，说胡适、陈独秀、陶孟和、刘半农等人因思想激烈之故受到政府干涉，陈独秀辞职去了天津，态度消极。胡适三人与校长据理力争才勉强保住了职位。胡适等人名气很大，文章一出立刻被各地报刊转载，流言四起。这篇有“先见之明”的通讯的作者，是北大学生张厚载。张厚载其人，胡适并不陌生。张厚载曾经是林琴南的学生，林琴南与新文化运动中人论战时，此君为林氏牵马坠鞍，并时常添油加醋地报告一些北大内情。

流言越传越离谱，无论是在社会上还是在北大内部都掀起了不小的波澜。不得已，胡适专门登报声明：“两个星期以来，外面发生一种谣言，说文科学长及胡适等四人，被政府干涉，驱逐出校，并有逮捕的话，还说陈先生已逃至天津。这个谣言越传越远，竟由北京电传到上海各报，惹起了许多人的注意。这事乃是全无根据的谣言。”随即，蔡元培和北大评议会以“恶意损坏学校名誉”“屡劝不改”等理由将学生张厚载开除学籍。

此时，距离张厚载毕业只有几个月了。道听途说之辞，真假难辨。张厚载轻信传言而大肆传播，竟然丢掉了唾手可得的毕业证，教训之深，叫人为之扼腕。他最终被流言所遏制，然而打败他的，其实并不是流言本身，而是他内心的孱弱。假若他能够对这些流言置之不理，依旧我行我素，坚持本身，那么总有一天会知道事情的原委，流言会不攻自破。但张厚载在流言汹涌而来之前，就放弃了和内心并肩这个机会，他没有绕过那场流言。

我们的一生中可能会遭遇无数次被流言袭击的事件，辩解、抵抗、逃避、显然都不是最好的办法。唯有坚守你的内心，如常的生活，才是良策。

成见不除，必受其障碍

胡适的家乡徽州绩溪，理学甚盛，胡适自小就见自家门上贴着“僧道无缘”的字条。然而胡适的母亲是虔诚的佛教信徒，乡土中又流传各式玄而又玄的因果报应故事，于是小胡适对宗教之说，总是将信将疑，多少带着一点成见。

11岁时，胡适温习朱子的《小学》，念到一段司马温公的《家训》，其中有论地狱的句子："形既朽灭，神亦飘散，虽有锉烧舂磨，亦无所施……"胡适把这几句话认认真真读了几遍，高兴地直跳起来。据他在《四十自述》中回忆说：

"目莲救母、玉历钞传等书里的地狱惨状，都呈现在我眼前，但我觉得都不怕了。放焰口的和尚陈设在祭坛上的十殿阎王的画像，和十八层地狱的种种牛头马面用钢叉把罪人叉上刀山，叉下油锅，抛下奈何桥下去喂饿狗毒蛇——这种种惨状也都呈现在我眼前，但我现在觉得都不怕了。"

从中不难看出，胡年少时对宗教的态度，与其说是有几分信仰，不如说是出于对那些恐怖故事的畏惧。理学书籍使少年胡适勇敢地打碎了宗教的枷锁。在12岁时，他甚至有了打毁三门亭神像的"壮举"。后来他到上海读书，接触西方自然科学，更热衷于追求科学真理。等到去美国留学，师从杜威，他又成为实验主义的信徒。这个时候的他，对佛教的成见就更加深了一层。他站在无神论的角度上、以批判的眼光来看待佛教，譬如15岁时就曾在《竞业旬报》上表达过对因果报应说法的怀疑：

大约这因果二字是有的。有了一个因，必收一个果。譬如吃饭自然会饱，吃酒自然会醉。有了吃饭吃酒两件原因，自然会生出醉饱两个结果来。但是吃饭是饭的作用生出饱来，种瓜是瓜的作用生出新瓜来。其中并没有什么人为之主宰。如果有什么人为主宰，什么上帝哪，菩萨哪，既能罚恶人于既作孽之后，为什么不能禁之于未作孽之前呢？……“天”要是真有这么大的能力，何不把天下的人个个都成了善人呢?“天”既生了恶人，让他在世间作恶，后来又叫他受许多报应，这可不是书上说的“出尔反尔”么?……总而言之，“天”既不能使人不作恶，便不能罚那恶人。……

这种说法没有摆脱他少年时代接触过的范缜、司马光等人思想的影子，他依旧对佛教的因果说法怀有极大偏见。

如果胡适一直纠缠着这份偏见不放，可能也就不会有他在日后对佛教的研究结果了。但是胡适突然明白，成见左右了他对佛教的看法，使得他不能够客观地从中分析提炼出科学的论断。于是他重新审视佛教，带着兴趣去研究，完全摒弃了对佛教的成见，最终使得他对禅宗的透彻理解，至今无人能出其右，对世界各国研究禅宗的学者们起着莫大的影响。

当他摆正心态，客观研究了佛教之后，得出的真理也愈发让人信服。胡适认为并没有什么生命的主宰来实施这因果报应，如果有，他就不该让恶人来世上作恶，而应把天下人都生为善人。生命出于偶然，各有各的光彩，当一朵又一朵的花儿在枝头绽放，谁也不知道它们的生命最终会走向哪个方向。纯洁的花朵何罪之有？难道仅仅说一朵花被吹落粪池，就说它前世作了孽；而另一朵花有幸被美人拾撷，就是它前生积了善缘？这些说法显然是荒诞不经的。

生命本无善恶，成见源于我们狭隘的视野和内心。生命从自然中来，到自然中去，是一个顺其自然的客观的过程，不为所谓的成见所累，对人对事都有一份宽容，才能快乐地在阳光雨露的世界中翩然走过。

第十五章　把自己铸造成器，将人生粉饰成花

宁鸣而死，不默而生

胡适两度在北大任教，并为北大的发展作出了贡献。在他的许多次演讲中，胡适都提到了人生格局：宁鸣而死，不默而生。在当时战火纷扰的乱世，激励了无数热血青年的壮志。即便是在今时今日，这铿锵有力的八字箴言，仍不失为让拼搏中的人们清醒的豪言。而胡适的一生，也确实遵从这八个字在努力行进。

无论在蔡元培当校长时代还是蒋梦麟当校长时代，胡适都提出了很多具有建设性的改革方案。他接办了《每周评论》，以这本周刊为阵地挑起了著名的“问题与主义”的论战。同年十一月，北大教务长患眼疾请假，胡适代理北大教务长。他的代表作《中国哲学史大纲》（上卷）也在这一年由上海商务印书馆正式出版。在这部书中，他以资产阶级实用主义的观点考察中国古代哲学，基本上摆脱了中国传统的经学形式，在中国哲学史学发展史上占有重要的地位。次年，他又出版了中国第一本白话新诗集

《尝试集》，成为新诗国度里探险的第一人。

后来，胡适停止了北大的教学工作参加“中英庚款顾问委员会”的“中国访问团”，从上海出发，到汉口、南京、杭州、北平、天津、哈尔滨等地访问，随后游历英、法、美诸国。第二年，胡适在美国做了四个月的巡回演讲，旋即经由日本归国。之后专心于写作讲学，次年三月受聘为上海中国公学校长。

回到了北大校园。胡适又任北大文学院院长兼中国文学系主任。这一职务，他一直担任了七年。期间，他呕心沥血的忙碌于授课、讲学、参加各类社会活动。

七七事变爆发后，胡适临危受命，被国民政府聘为“国防参政会”参议员。9月至12月访问美国，做非正式外交工作。胡适在美国与罗斯福会谈，并在旧金山哥伦比亚电台发表“中国在目的危机中对美国的期望”的演说。

第二年，胡适在美国、加拿大、法国、瑞士和普鲁士进行游历演讲。后正式被任命为驻美全权大使。之后，他还应聘为美国国会图书馆东方部名誉顾问，还应邀前往哈佛大学讲学。1945年9月，他被国民政府任命为北大校长。

胡适做了三年北大校长。他在美国、中国台湾两地奔走，从事讲学活动。直到后来他的身体状况每况愈下，1957年甚至在美国住院，割去了6/10的胃。第二年他病体未愈，即偕妻子飞回中国台湾。胡适去南港担任了“中央研究院院长”，一边主持工作，一边进行自己的学术研究。1962年6月24日傍晚，胡适主持

“欢迎新院士酒会”，酒会到尾声时，心脏病猝发与世长辞。这一年，他72岁。10月5日，他被安葬在了南港旧庄墓园。

无须多言，胡适的一生，郑重地诠释了“宁鸣而死，不默而生”这个八个字。

想收获清香，必先种下一株花

胡适曾做过一首名为《上山》的诗，这首诗在胡适的诗歌创作生涯中有着非同一般的意义。众所周知，将白话诗体从旧体诗中完全解放出来是胡适对中国诗歌革命所作出的主要贡献。在《上山》以前的诗作中，胡适的诗歌虽然也使用了白话语体，但是并不纯粹，依然有旧体诗的影子。写作《上山》时，他彻底完成了从旧体诗到白话诗的蜕变。

胡适一直提倡白话文，希望自己的倡导得以实施。为了能够让改革白话文的清香遍布当时的社会，胡适苦心钻研新诗，这首《上山》就是最好的证明。胡适用那种“头也不回，汗也不揩”“努力往上跑”的“攀登”精神，为后世语言革命的成功奠定了一定基础。

“会当凌绝顶，一览众山小。”要想收获成功的巅峰的美景，必须要先付出攀爬的努力，不能有任何懈怠的执著与顽强，争取让每一滴汗水都为心中的顶点所滴洒。如此，才可换来成功的美景。我们生活在同一片天空下，有些人取得了骄人的成绩、惊人的成功，有些人却浑浑噩噩度过了这一生。之所以会有这种差距，就是因为有人为了心中高高耸立的目标流汗了，而有些人只沉迷在对成功的想象里，甚至不愿意为追求成功挪动自己臃肿的身躯。

如果这样的人不成功，成功的位置要留给谁呢？而未曾为梦想付出一滴汗水的人，又怎能奢望拿到灿烂的成功之桂冠呢？胡适聪慧过人，也是靠多少年孜孜不倦的苦读才学有所成的。生命巅峰上日出的奇美景观，永远只会留给那些勇于攀登、勇于付出的人欣赏。

穷苦对不同的人来说，有不同的意义。懦弱者会为此悲伤流涕、一蹶不振，永远在穷苦中受着精神和物质的双重折磨；勇敢者却敢于把穷苦当做磨刀石，磨砺出生命的锋芒。

胡适非常敬佩一位叫杨斯盛的实业家，专门为他写过一篇《中国第一伟人杨斯盛传》登载在《竞业旬报》上。

杨斯盛出生于上海浦东农村，自小家境贫寒，从小就没有父亲，靠叔叔一家抚养长大。杨斯盛13岁那年，婶婶卖掉了家里的一只老母鸡给他当做盘缠，来到上海。在上海滩，他在哥哥的介绍下到建筑工地学泥水匠。泥水匠的工作非常辛苦，但他咬紧牙关坚持了下来，并学到了精湛的手艺。由于他为人诚实、干活出色，得到了英国人的赞赏，在他们的帮助下，他成立了上海建筑史上第一家私营营造厂，杨瑞泰营造厂。以此为起点，他不断努力奋斗，终于成为享誉上海滩的营造商。

杨斯盛出身贫苦，却并不吝财，大力度支持教育事业，也是著名的慈善家。胡适对杨斯盛毫不吝惜赞美之辞：唉!这些脓包男子，哪里经得(穷苦)这块试金石的摩擦。只有我如今所说的“杨斯盛”先生，不震不惊，从容不迫地跳过了这个关头。

世上没有现成的成功盛宴，能真正享有这盛宴的人，都是曾经埋下奋斗的种子，并在随后的道路上风雨无阻地培育这种子的人。不要只看见他们的成功，看不见他们背后的付出。若你也想成功，请先尝试付出。

最真实的你，便是最好的你

自我是每个人身上最真实也最独一无二的东西，如果这个“自我”死掉了，世界上就再没有和我一模一样的人，因此自我是如此重要，不管是哲学家还是平凡众人，都存在一个有关自我的任务：认识自己。自己原本是什么样子的，就去做什么样子的自己，不必为任何人的眼光，为权势所左右。像胡适这样的富有智慧的大师，都是因为能够做真实的自己，且又有胆量做到底。所以他们呈现出来的，也是最好的自己。

胡适在上海的“梅溪学堂”读书时，老师将胡适安放到了级别比较低的班级里。有一天，教国文的沈老师向学生讲起了课本里的一段引文：“传曰，二人同心，其利断金。”老师解释，“传”就是《左传》。胡适就在这时站起来对老师说：“您错了，这个‘传曰’是易经里面的《系辞传》。”这种冒犯老师的大逆不道的行为，在当时是少有人能做出来的。可是胡适天生纯真，完全没有顾虑其他，只是觉得有必要更正老师，就率性地讲真话了。结果沈老师大为惊骇，连忙问胡适还读过哪些书，并将他连升三级。

因为胡适一直率性地做自己，渐渐“成名”，后来知道他升入更高级别的学堂时，竟然有老师提前允许他：言论自由。准许他说他想说的话，发表他想发表的意见，胡适如此率性，并没有受到阻碍，大家反而被他的率真感染，鼓励他做最真实的自己。

可见，做人不应该是拾人牙慧，能够做真实的自己的人，一般喜欢遵从自己的观点，并且不管是求学还是做人都有自己的真知灼见，而不轻易为他人所左右，这样便逐渐形成了大气的人格。大凡能够取得一定成就的人，都懂得如何抓住自身的特点，发掘最真实的自己，并通过这一点去构建起自己的独特人生。

1962年2月24日，胡适以“中研院”院长的身份主持第五次院士会议。在谈起他曾经处处反驳“老蒋”，惹得台湾对他“围剿”一事时说：“我去年说了25分钟的话，引起了‘围剿’，不要去管他，那是小事体，小事体。我挨了40年的骂，从来不生气，并且欢迎之至，因为这代表了自由中国的言论自由和思想自由。”看，胡适不仅自己力行做最真实的自己，看见别人愿意做真实的自己，哪怕是骂自己的话，他都能够接受。

活在世界上，做最真实的自己，这似乎是最平常的一件事。但是，我们真的有把这件事做到贯彻到位吗？更多的人，戴着面具活在这个世界里，以至于自己经常迷茫：到底哪一个才是最真实的自我？也许真正的答案，要等我们扪心自问的那天才能找到。最好的自己，是当我们做了最真实的自己的那一刻，才会出现。

容忍比自由更重要

胡适提出“容忍比自由更重要”的言论时，他已不是五四时期那个热血激昂的新文化运动健将，也不再是临危受命的驻美大使，彼时的胡适，已经经过梦想破灭、异国寓居等种种人生经历，阅历让他沉淀，波折使他的心胸豁达。于是他便作文，名为“容忍与自由”。

而在胡适的一生中，不管对亲友、晚辈、甚至敌人，都能做到容忍异见。

一代宋史大家邓广铭从北京大学史学系毕业后，留校任北大文科研究所助教，主要工作是整理北大从缪荃孙艺风堂购置的历代拓片，并且每天下午帮助钱穆先生整理、点校当时钱穆在北大所开设中国通史课程所需的古籍资料。

当时北大图书馆为文学院、法学院院长及两院系主任设置了专门的阅览室，但是实际上利用的人并不多，比如文学院长胡适，家中就有整整三大间书房的书，他自然不大会去使用那间专属于他的阅览室，于是邓广铭便鼓足勇气向胡适提出，让他使用那间阅览室，胡适毫不犹豫地一口答应下来，随即便给北大图书馆的负责人打电话，让那人把阅览室的钥匙交给邓广铭，从此以后这间阅览室便成了邓恭三先生的“读书室、写作室、编辑室（邓广铭当时担任天津《益世报》读书周刊的执行主编）”，“它使我真正体会到从事学术研究的乐趣”。

著名经济学家千家驹先生1932年从北大经济系毕业，在此之前，他在某刊物发表了《抵制日货之史的考察和中国工业化问题》一文。胡适正巧与此刊物的主编凌某在去南京的途中偶遇，闲谈间隙胡适无意间看到这篇文章，就问：“千家驹是谁的笔名？”凌某说：“这不是笔名，他本姓千。”胡适又问：“千在哪儿工作？”凌某回答：“千是北大学生，还没有在大学毕业，”胡适为一个大学生有这般锐见大为惊异，回到北平，就让千家驹的同乡吴晗找到千家驹。胡适问千家驹毕业后准备去哪儿工作，当千家驹告诉他尚未有着落，胡适便自告奋勇介绍他去陶孟和主持的社会调查所工作。

陶孟和私下打听了一下，得知千家驹是北大学生会的头头，著名的捣乱分子，说不准还是共产党，心里便有些踌躇。他跑去问胡适，胡适则回答说："捣乱和做研究工作是两码事，会捣乱的人不一定做不好研究工作，况且一个研究机关，你怕他捣什么乱呢？"于是，千家驹就进了研究所。1934年胡适又主动介绍千家驹去北京大学兼任讲师。当时北大经济系主任赵乃抟认为千家驹从北大毕业才两年，资历尚浅，而且又嫌千家驹思想过于"左倾"，怕惹出什么乱子来，他不好担待，不肯同意此事。千家驹为此事写信给胡适大发牢骚，最终在胡适的坚持下，赵乃抟只得妥协。

胡适的容忍不仅让自己胸襟豁达，重要的是，他的胸襟成全了很多优秀的人。胡适一生极力推崇自由主义，但对他而言，比这更重要的是，他向人们展示了自己的胸襟，以此征服了无数人。

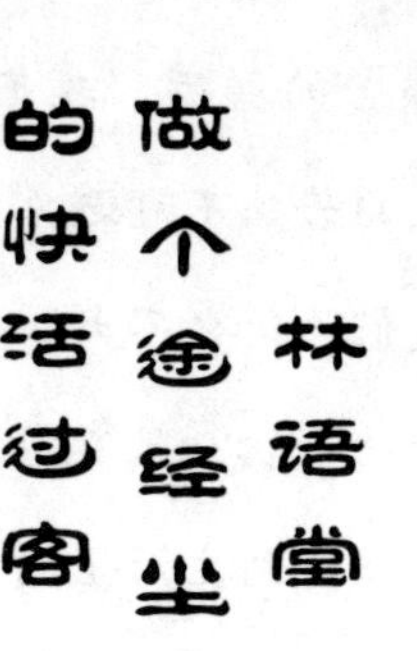

林语堂把人生看做一出滑稽剧。人生或长或短，或饱满或艰涩，充满各种悲欢离合，但不管有多少眼泪和疾苦，它总是“滑稽”的。这滑稽不是戏谑，也不是嘲讽，而是一种达观、快乐，一种冷面幽默。在这种幽默里，每个人都可以从苦中看到乐，在悲中看到喜，于拘束中感到自由，于刻薄慵懒里寻找到惬意。这就是林语堂先生对生活真正的价值定义：闲适。

闲适不仅是种行为方式，更是种思想和观念。照片上的先生，一袭灰色长袍，手拿半尺长的精致烟斗，脸上挂着浅浅的微笑。那神态自然、安详、无拘无束，一副田园诗者的悠然自得，仿佛烦恼不侵，悲苦不袭。但这就是先生的闲适观吗？当然不是。闲适的背后，是先生对生命的深刻的感知与思考。他深知每个生命的甘苦、生存的不易、拼搏的艰辛。没有人能选择自己的出身、奋斗经历和改变际遇的贵人，但是我们可以选择面对生活的方式。

如果大多数人注定都是渺小的，如果想要有所成绩就必定要经历波折和痛苦的磨砺，我们为什么要躲避而不是勇敢地迎上去？如果人生的苦痛不可避免，不管发生什么，生活都要继续也必须继续，我们为什么不大胆地拿出自己的热情、乐观和坚强去面对生活给予的一切？只有勇敢地放淡生活悲苦的人，才是生活的智者，才能体会到生活里的那丝甘甜，才能享受繁忙和浮躁的生活表面下的闲适与逍遥。

林语堂先生说，生活是用来享受的，生命是用来感知的。没有真正体会到生活乐趣的人，还不够深爱自己的人生。而想深爱人生，就要全情投入。要敢爱敢恨，敢对邪恶怒目相斥，能为善行仗义执言。人总要有份性情，才能活得洒脱、自在，才能在看似平淡无奇的生活里，体会它的真滋味。一个人可以温和，却不能没有骨气；可以理智，却不能冷血；他应是哲人也是诗人，是斗士也是学者，能冷眼旁观，也可古道热肠。这样的人才是饱含深情的热爱生活的人，而生活，也会回馈给他最精彩的人生。

虽然，生活并不容易，但我们可以努力地让它有滋有味，让它因为我们的知性与理性的共融而达到某种和谐与自在。人无法改变生活，能改变的是自己，而自己即是生活本身，于是，生活也会因为我们的改变而在潜移默化中悄悄变换模样。

在整个生命的过程中，无论我们面对的是怎样的境遇，无论是欢喜还是悲伤，生离还是老去，都是一个过程，都是每个人必要走的路。既然必须经历，就应该勇敢地走下去，去享受这一切。林语堂先生问道，上天很公平地给了我们每个人几十年的生命，为什么不去珍惜和敬畏？为什么把悲伤放大，让痛苦蔓延？为什么不快乐、洒脱、自在一点？快乐不是负担，用快乐稀释痛苦才会减轻负担，有多少人意识到了这一点呢？

最大的生活哲学，其实，不过是过得快乐和洒脱。

第十六章　人生不过如此

人生太严肃，请自寻享乐之道

在《生活的艺术》中，林语堂先生说，这个世界太严肃，因为严肃，所以必须有一种智慧和欢乐的哲学作为调剂，它的具体表现就是享受我们的人生和生活。但是很多人却并不能真正懂得其中的道理。“一个人要想真的享受人生，人生是够他享受的。”很多人之所以没有从人生中得到足够的乐趣，是因为他还不深爱人生，把生活过得太枯燥、太刻板，生活回馈给你的，当然也只能是同样的内容。

其实，生活中除了工作、学习、求名，还有许许多多美好的事情值得我们去享受：可口的饭菜、温馨的家庭生活、蓝天白云、红花绿草、飞溅的瀑布、浩瀚的大海、雪山与草原、包括遥远的星系、久远的化石、还有诗歌、音乐、友情、谈天、读书……甚至工作和学习本身也可以成为享受。如果我们不是太急功近利，不是单单为着一己的利益，我们的辛苦劳作也会变成一种乐趣。

林语堂先生曾经在《懂得享受》一文中言道：“为什么人类

的寿命有长有短？为什么有些人未老先衰，有些人老而弥健？衰老的真正原因是什么……除了疾病的克服和保健的改善外，长寿的要诀还有一个重要原因，那便是要懂得人生，唯有懂得人生，才能享受人生，才能活得更久。”由此可见，懂得人生和享受人生是多么重要。

据说恺撒与亚历山大就是在战事最繁忙的时候，仍然充分享受自然的正当的生活乐趣。他们认为，享受生活乐趣是自己正常的活动，而战事才是非常的活动。文艺复兴时期，法国著名思想家蒙田也支持恺撒与亚历山大这种面对人生的态度。他说：“我们的责任是调整我们的生活习惯，而不是去编书；是使我们的举止井然有序，而不是去打仗、去扩张领地。我们最豪迈、最光荣的事业乃是生活得写意，一切其他事情——执政、致富、建造产业，充其量也只不过是这一事业的点缀和从属品。”

享受生活是一种超然的生活境界，是在领略了生活真意后的洒脱和自然。所以林语堂先生鼓励我们到生活中去，活出诗意和真人生。他说，人们应该能够体验出人生的韵律之美，应该能够像欣赏交响乐那样，欣赏人生的主旨，欣赏它急缓的旋律，以及最后的决定。很多时候，读林语堂先生的文章，就像步入一片世外桃源，其中之美，只可意会，无以言表。此谓真人生，此谓领悟生活真谛后的舒怡和洒脱。

此外，享受生活，是要努力丰富生活的内容，努力去提升生活的质量。愉快地工作，也愉快地休闲。散步，登山，滑雪，垂钓，或是坐在草地或海滩上晒太阳。享受这一切，就可使烦忧消散，灵性回归，亲情融洽，过上一种修养灵魂的生活。

著名科学家爱因斯坦在努力攀登科学高峰的同时，也没忘记拉小提琴，他用这种方法舒缓心境，让美妙的音乐驱散烦恼。毛泽东一生戎马倥偬，日理万机，仍会忙里偷闲，去江河游泳，和大自然亲近。越是伟大以及具有非凡智慧的人，越是能聆听到生活中至真至纯的美妙声音。日常生活中的人，如果要想要和这些智者一样，享受生活的乐趣和人生之美，就不能整天埋头于繁杂的工作和交际，而要多发现生活的点滴和细节。能够爱美、懂美，能够去发现生活中一切值得享受的事情，这样的人生才更加快乐和具有无可比拟的意义。

人生无盛宴，只要胃口好

林语堂的家庭堪称“美食之家”，这是一个重视吃，讲究吃的小家庭。先生的妻子廖翠凤做得一手好厦门菜，令先生赞不绝口。享受这些美食的时候，先生总是有说有笑，欢乐无限。美食之家的另一层意思是指林语堂本人。少年时期因为家中生活困难，不知美食为何物，父亲留给他的半碗肉丝面竟能令他有无比美妙的感觉。到了青年时期，林语堂的经济也一直十分紧张，读书、留学、写作让他没有多少精力顾及于此。到了中年之后，林语堂富裕起来，生活也渐渐安定，他开始有条件享受人生之口福了。

所以林语堂自己就说过："我生来便是一个享乐主义者，吃好味道的东西最能给我无上的快乐。"

林语堂也曾钻研过西方的食物，但觉得其根本没有什么研究的必要。因为西方的很多食物都是为了填饱肚子而已，他说，可能西方人认为饮食根本不值得花费那么多时间，也没有什么探讨的必要，他们更感兴趣的是如何节约时间创造更多的产品，赚来更多的钱。

这在林语堂看来，是远离了人生，不知道人生的真正意义。

林语堂在《吾国吾民》中提出这样的观点："如果说还有什么事情要我们认真对待，那么，这样的事情既不是宗教也不是学识，而是'吃'。我们公开宣称吃是人生为数不多的享受之一。这个态度问题是至关重要的。"

林语堂主张吃，是因为吃是最能够贴近人生活，最让人直接面对生活的一件事。我们能从"吃"这项与人相离最近的生活中找到乐趣与意义。能吃，说明了生活的很多方面都达标。一个胃口好的人，人生便处处充满了盛宴，任何的美食美味、美景美色，他都能够消化得了。

其实人生也是有味道的，充满了酸甜苦辣。如同生命是有节奏的，像河流的奔涌，有急有缓，既有"星垂平野阔，月涌大江流”的舒缓从容，又有“乱石穿空，惊涛拍岸，卷起千堆雪”的激烈紧迫。一张一弛，生活之道。哪能一味地急迫，一味地悠忽？一味地急迫，生命就显得狭窄了；一味地悠忽，生命就显得虚无。只有苦乐参半，酸甜交织，急缓相当，张弛有度，方为人生大境界。

怎样对待生活，生活就会呈现给你一种怎样的姿态。所以，当我们有一个良好、健康的“胃口”，生活也愿意将它的美好和幸福呈现给我们。

就像林语堂先生说的：爱生活，爱它的挫折和苦难，爱别人不经意的打搅，爱一切，一切才会爱你。生活就像一面镜子，你对它笑，笑容就会反馈；对它哭，泪水也会成为唯一的主题。当然，生活并不容易，并不是每时每刻都能获得一个欢愉的心境。要想淡然、雅致、无忧，就要学会在平凡中感知美的真谛，学会在行走中顿悟人生。走的意义，全在于不停地感知和丰盈。在行走中顿悟，包含了一个求真求我的大世界。

睁一只眼寻幸福，闭一只眼去宽恕

林语堂在《人生不过如此》一书中提到自己对人生的态度时说，中国的哲学家是用爱和温和的嘲讽来观察人生的人们。

在我们的国度里，宽怀的心境，是我们永远在推崇的事。因为在研究了中国的文学和哲学以后，林语堂得到了这样的结论：中国文化的最高理想始终是一个对人生有一种建筑在明慧的悟性上的达观的人，达观能产生宽怀，使人能够带着宽容的嘲讽度其一生，逃开功名利禄的诱惑，最终使他接受命运给他的一切东西。

林语堂说，一个人只有具备了这种胸怀，才能够深切地享受人生的乐趣。

林语堂先生的一生中，有一段时期总是与是非相伴。先是人们对其作品存在非议，觉得不合时宜，不是当时的人应该看的作品；再是鲁迅、郭沫若等人的口诛笔伐，对林语堂先生从作品到其人品一一贬斥，有时甚至是激愤的谩骂。面对批评和指责，林语堂先生心中也有无限愤懑，但他没有因此而肆意、武断地予以回击。面对那些对自己的文章颇有微词的人，林语堂先生说："我是个不合时宜的人物，但我的书主要是写给数十年后的人看的。"对于那些尖锐地批评自己的人，林语堂先生也据理力争，只是远没有对方尖刻、冷酷。

他常告诉自己，那些对自己的不公批判是某种误解。面对误解，只能去宽容。误解是理解的最初阶段，此时和那些不同的声音较真，显出的只能是自己的无知。所以，林语堂先生选择宽容，即使那些被宽容者是真正伤害过自己的人。报复或许比谅解看起来更能补偿自己曾经的委屈和受到的不公待遇，但只有宽容，才能真正地从内心深处磨掉伤痕，不再播撒仇恨和报复的种子，才能重拾生活的希望和勇气。

在林语堂先生看来，天下最接近“道”、最有智慧的人，便是不争的人。因为不争，内心才无比沉静。这样的人交友真诚，言语诚实可信，做事的时候必能尽其全力，因为他们不争，所以，才没有过失。

不争的人，不自我表扬，反而能显现其优势；不自以为是，反而能彰显其实力；不自我夸耀，反而能够见功；不自我矜持，反而能够长久。这都是不争显现出来的结果。林语堂先生也说，正因为不争，天下才没人能与他争，他的不争就是他的强大和力量之源，世上便无人能与他相比。

不争，便可以少去许多烦恼。世间的许多忧虑都是因为某种利益的你争我夺得来的。放弃争的念头，生活也许就会悠闲快乐许多。

老子说：“只有无争，才能无忧。”利人就会得人，利物就会得物，利天下就能得天下。所以善利万民的人，如同水滋润万物而与万物无争，不求所得。所以不争之争，才是上等的策略。事事斤斤计较、患得患失，事事强出头，只会让自己活得更累。当你同别人争名夺利时，你也成了别人的眼中钉、肉中刺。

宽怀，才能争来生活的智慧和快乐。铭记此话，生活就会更加美好。

有什么样的态度，就有什么样的人生

在《快乐必须自己去寻找》一文里，林语堂提起这样一个故事。作家葛若宁讲了他的一次经历。有一次，他在飞机场等待一架为恶劣天气所阻碍，久久不能着陆的飞机。旅客们都在焦急地等待着，葛先生突然注意到一位等待未婚妻的青年人，尤其焦急不安。葛先生知道，如果上前去劝这个男青年，很明显他听不进去。于是他换了一种方式，走上前去和他聊天，问他未婚妻的情形，长什么样子，他们是怎么认识的。于是那个青年就非常起劲地谈论自己的未婚妻，不久他的忧愁竟暂时忘记了。

作家葛先生，巧妙地将积极的情绪植入青年脑中，让他暂时忘却烦恼。我们也一样，如果脑海里有挥之不去的消极思想，不妨也用同样巧妙的方法，将注意力集中在那些令我们觉得快乐的事务上。

林语堂觉得，人们平日里把焦点集中在什么事情上，那些事情就会反过来影响人们自身。仔细回想一下，在我们眼下的生活里，我们一直关注的焦点，是过失？所做的贡献？所获得的批评或是夸奖？或是集中在你的忧虑和恐惧，希望或者梦想里？是想到成功还是失败？林语堂以为，我们所想的是什么，就会决定我们的态度，我们的态度就会决定我们的命运。

姿势会左右我们情绪。假如我们瘫坐在椅子上，很容易就会感到疲倦，但是挺起胸膛来，就会觉得精神百倍。声音也能影响我们的情绪，声音柔和，头脑就会冷静，说出尖锐的话，就会有愤怒的感觉。说话迟疑，会觉得不安，声音坚定有力就会充满信心。

所以，有什么样的态度，就会有什么样的人生。

平凡的是工作岗位，平庸的是工作态度。无论你从事的工作多么琐碎，都不要看不起它。

生活中我们经常看到一些人抱怨自己的工作枯燥、卑微，轻视自己所从事的工作，无法全身心地投入工作。他们在工作中敷衍塞责、得过且过，将大部分心思用在如何摆脱现在的工作环境上。这样的员工在任何地方都不会有成就，因为他们没有搞明白：不能用正确的态度对待此时的工作，也就不能在未来的工作中尽心尽力。看到一些人，没有人会否认或贬低你的价值，关键在于你如何看待自己的工作。

无论在什么样的岗位上，做什么样的事情，都不能轻视自己的岗位，慢待自己的工作。如果你能够做好每一份平凡的工作，培养自己爱岗敬业的精神，你必定能够迈上自己事业的巅峰。

第十七章 闲适生活，幽人生一默

适度生活，适度享乐

林语堂说：没有平衡，就没有生活。他一直提倡享受人生，因为本身是个乐天派，在他整个人生历程中好像全都是快乐、闲适、自然。其实，没有哪个人的一生是一帆风顺的，林语堂先生也是这样。他也会遇到病痛、灾祸、事业挫折和悲欢离合。但与那些悲观的人相比，他更愿意向好处思考，用积极、向上的思想去感染自己。他总觉得快乐得自己去寻找。

林语堂先生以美文著称于天下，每当人们提起他，总称他为文学大师，仿佛他的整个生活中只有文学，除此，便无其他，这种看法是片面的。林语堂先生除了是文学大师，还是一个具有自由主义精神，非常懂得调节生活的人。在他眼中，生活中除了事业，还应有许多闲适、自由、娱乐的时光，这样的生活才是舒适、惬意的。人无论追求什么，如果将追求填满整个生活，不管它多么催人奋进，生活也难免疲乏和缺乏情趣。

人生短短几十年，有如沧海一粟。由于它的短暂，有人期望活得精彩，有人希望活得成功，有人期望给别人、给社会，甚至给人类留下点自己的痕迹，不奢望永载史册，至少也要拥有瞬间灿烂。那么怎样才能获得最大程度的精彩呢？人要生活也要事业，但不能让生活取代事业，也不能让事业取代生活，只有达到平衡，才是最佳的生活状态。如果有一方偏失，生活的质量和快乐程度必会受到影响。

懂得保持生活平衡的人才是生活的智者，才不会被埋没在痛苦中，整日疲乏不堪。

林语堂先生就是个悠闲地游走于生活之中的人。他平生极爱饮茶，这也是他每日必做之事。不论是好友来访，还是自己独坐家中，林语堂先生总要精心地泡一壶好茶，没有好茶，先生便不能做佳文，不能出妙语。茶已经成为他日常生活中不可缺少的挚友，没有它，生活就少了很多情趣，毫无滋味可言。一个事业上卓有成效的人，一定程度上也是一个懂得生活的人，林语堂先生就是这样。

事业对林语堂先生非常重要，没有事业便无法养家糊口，但生活中仅有事业，日子就未必快乐。所以他会尽量地在忙碌之余，为自己和周围的人找些乐趣。生活，并不只是生下来活下去。我们要懂得挖掘生活中更多潜在的快乐，平衡诸多看似不易掌控的事情，只有这样，日子才会更加美好。

身忙心不忙，悠闲也占生活一席之地

林语堂说：在他那个时代，以劳碌闻名的，是美国人。而中国人则是以伟大的悠闲者而闻名。但是在生活节奏日趋快速的今天，生存压力迫使人们逐渐远离悠闲，取而代之的，是快餐式的忙碌人生。在林语堂那个时代，悠闲是社会中较为普遍的风气，而在今时今日，悠闲成了一种奢求。而让我们无法从忙碌的、亚健康的生活状态中抽离出来的，除了有繁重的工作，巨大的生存压力，更主要的，是我们对物质的欲望，拖累着我们的清闲。

林语堂举了个例子，来说明“悠闲”对于我们生活的重要性。他说，中国人的悠闲哲学，正像18世纪一位作家所说，时间之所以有用，乃在时间之不被利用。“闲暇的时间就像室内的多余空间一样。一个有工作的女人，租了一个小房间，因为房里堆满了东西，没有走动的空处，因而她感到十分不舒服。如果她的薪水略为增加，她便要搬去住一间较为宽敞的房间，在那里除了安放床桌和煤气炉子之外，还可以留下一些空地，用来穿梭。这空处使她感到房间之舒适。同样地，有了闲暇，我们才能感到生活不乏味。

基于这个理论，林语堂十分崇尚悠闲。古代的一些知名文学家，如陶渊明、苏东坡、白居易等，都曾有过一个短时的官场生活，政绩都很优良，但都为了厌倦那种磕头迎送的勾当，而甘心弃官辞禄，回到老家过隐退的生活。当袁中郎做着苏州的知县时，曾对上司一连上了七封辞呈，表示他不愿意做这种磕头的勾当，要求辞职，以便可以回家过自由自在的生活。

生活在当今社会里的我们，虽然不能像这些文人墨客一样，撇下所有外界负累，独享悠闲。但我们可以做到的是，身忙心不忙。

忙固然很好。但是如果忙过了头，有碍健康，反而得不偿失。如果人们放慢一下自己的生活节奏，减轻一下自己的身心负荷，就不会有这种悲剧发生了。物质和名利的诱惑，让一些渴望名利的人放弃了休息，持续忙碌，直到身体无法承受为止。其实，减少自己的奢欲和贪婪，不去和别人盲目攀比，也不去做那些自己力所不能及的事情，顺其自然，就会活得更轻松。正如孟子所说的：“素富贵行乎富贵，素贫贱行乎贫贱。”

但是对那些刚刚起步的年轻人和担负着家庭压力的中年人来说，“忙”是无法避免的。这时，我们该怎样对待“忙”，怎样调整自己的生活节奏而使自己不至于太过劳累呢？我们要争取做到“人忙心不忙”，身体可以忙碌，但心不能过度劳累，别让那些烦恼和劳累重重地压在心上。

幽默，给严肃人生兑点糖

林语堂先生是个幽默的人，被人尊称为幽默大师。他在生活中谈笑风生，给别人带去快乐。在事业上创办幽默刊物，发幽默文章，大力倡导幽默文学。他最先提出将英文中的“humour”翻译成幽默一词。他的这种思想，给当时的社会带去一股清新之风。他曾经说这个世界太严肃了，需要一点幽默。世界总是发生战争，也是因为某些国家的领导人不懂幽默，如果派几个幽默大师去参加国际会议，战争很可能就发生不了了。

林语堂先生的幽默，不仅是种高超的说话技巧，更是智慧的闪现。它使人发笑，又启人心智。幽默表达的是说话者的思想感情和人生态度，反映了说话者的温和与宽容，是说话者表情达意的一种巧妙技巧。

有幽默感的人，凡事健康思考，保持正面态度，在遇到困难时，容易化险为夷。幽默就是这样，它有一种奇妙的能量，可以使你开心，使你脱离尘世的种种烦恼；它可以使你增加活力，使你的生活多一点情趣；它可以使你令人难忘，同时给人以友爱与宽容；它可以使你更加乐观、豁达。同时，它也能使复杂的人际关系变得温和从容很多：它以善意的微笑代替抱怨，避免争吵，使你与他人的关系变得更有意义；它能帮助你把许多不可能变为可能；它比笑更有深度，产生的效果远胜于咧嘴一笑。

它的奇妙源于其中所隐藏的智慧，其实，幽默是智慧之刀的一晃。西方人有一句意义深远的妙语：“当人生给你酸涩的柠檬时，你就把它榨成一杯甜美的柠檬水。”中国也有一句相似的歇后语：“含着黄连吹口哨——苦中作乐。”幽默能战胜苦难，化解恨意，排除幽怨。拥有幽默感的人，能随时抓住生活中富于趣味的一面，而不怨天尤人，自寻烦恼。

有了幽默，才能有一个豁达的人生，在不得志之后还能全身心地投入教育事业。否则，他何以有开阔的心胸安享天年？他的命运肯定就会被改写，世上就不会有那位伟大的思想家、教育家，充其量只是个默默无闻、郁郁不得志的政客。

善用幽默的人是快乐的，他不仅能为自己增添欢愉，更能为别人的生活增添乐趣。生活中，语言总是有限的，但因为幽默而产生的快乐和智慧却是无穷的。所以请记住林语堂先生的话吧：“幽默是人生的一部分。”要想生活得更美好，就学着幽默一点点吧。

人生在世，能够快快乐乐、开开心心地过一生，相信这是每个人心中的一个梦。尼采却说：“人生就是一场苦难。”谁都无法心想事成、无忧无虑地过一辈子。确实，人生路上，总会有些不如意，总会有些无奈，是我们不得不面对的，而幽默可以淡化人的消极情绪，消除沮丧和痛苦，让我们脱离尴尬或痛苦的窘境，让我们的心态在沉重的压力下得到适当的放松。

第十八章　把日子过成艺术

贫贱夫妻也能“百事可乐”

有人曾向林语堂请教半个世纪“金玉缘”的秘诀，林语堂说，只有两个字，“给”与“受”。和妻子廖翠凤的几十年风雨情里，两人一直相互给予，尽可能地付出。婚姻对他们二人来说，像一艘雕刻的船，看你怎样去欣赏它，又怎样去驾驭它。

妻子廖翠凤是林语堂的第三位恋人。廖翠凤曾是鼓浪屿首富家里的二小姐，当年定亲之时，廖家家长因为林语堂家里是牧师出身，担心经济问题，曾有过犹疑。但廖翠凤的一句“贫穷算不了什么”却让林语堂下定了迎娶她的决心。结婚没多久，林语堂就把结婚证书烧掉了，他说，结婚证只在离婚时才有用。而他坚定了和廖翠凤白头偕老的决心。

在美国哈佛大学留学期间，两人的日子过得比较清苦。因为助学金很快被停掉了，林语堂只好去往德国打工，而廖翠凤不得不变卖首饰维持生活。林语堂曾经说过：“只有苦中作乐的回忆，才是最甜蜜的回忆。”他们即使穷得没有钱去看一场电影，也可以去图书馆借回一叠书，俩人守住一盏灯相对夜读，其乐不改。所以大师亦说，穷并不等于“苦”，他从来没有“苦”的感觉；世俗所谓的“贫贱夫妻百事哀”的逻辑，完全被他推翻了。

为什么在如此清贫的环境里，两个人依然能恩爱如初？秘诀就是保持笑口常开。林语堂和廖翠凤结婚五十周年的时候，林语堂把一枚金质胸针献给廖翠凤，上面铸了“金玉缘”三字，并刻了詹姆斯·惠特坎·李莱的不朽名诗《老情人》。林语堂将其译成中文五言诗：

同心相牵挂，一缕情依依；
岁月如梭逝，银丝鬓已稀。
幽冥倘异路，仙府应凄凄；
若欲开口笑，除非相见时。

林语堂说：“怎样做个好丈夫？就是太太在喜欢的时候，你跟着她喜欢，可是太太生气的时候，你不要跟她生气。”廖女士最忌讳别人说她胖，最喜欢人家赞美她又尖又挺直的鼻子；所以林语堂每逢太太不开心的时候，就去捏她的鼻子，太太自然就会笑起来了。

鲁迅先生的《伤逝》讲述的是五四时期两个年轻知识分子涓生和子君的爱情故事。他们冲破封建礼教、追求恋爱自由和个性解放，最后却以悲剧收场。

涓生和子君之间的感情深厚，但是到最后他们那朵美丽的爱情花朵悄然凋落。除了社会压迫和他们个人性格特点的缺陷之外，生活的困顿拮据、衣食问题、住房问题，不时撞击着他们爱情的幻梦，使他们失去了斗志。

有人说：贫贱夫妻百事哀。可是，那些一起吃苦的幸福，却让人不禁泪盈眼眶。懂得爱，懂得快乐的人生是富足的，贫贱的日子也可以其乐融融。

风景不转心境转

幸福是一种感觉，虽然有外在的因素，但更多地取决于自己的内心。当你内心拥有一份豁达，乐观之时，即便处于逆境之中，也能坦然面对；而不觉其是逆境，内心通透无碍。常怀此心境，便能以苦为乐，享受“也无风雨也无晴”的境界。

有一次，苏东坡途中遇雨，没带雨具，常人只有狼狈二字，雨打在竹林上发出巨响，不是不寒心的。好一个苏轼，就这样创作出宋词中的经典：“莫听穿林打叶声，何妨吟啸且徐行。”不用不听，而用莫听。不听，那种坚决，就要运用意志力，跟雨声抗衡，莫听，是你可以选择听，但声音也只是外物，你的心可以决定听不到、听不到，这一“莫”字，境界就从容自主起来。何妨吟啸，那何妨也是一派优游，反正落汤鸡的现实无法改变，倒不如吟其当时的流行曲。无法改变的事情，就让它自然存在吧。苏老当时只拿着竹拐杖，穿我们只在电影中见过的那种草鞋，从头到脚尽湿，没有坐马，只是一步一生。但他说：“竹杖芒鞋轻胜马，谁怕？”

从负面自嘲发掘出乐趣，雨中持杖穿轻便草鞋，比骑马还轻便。雨停了，金句来了。“回首向来萧瑟处，归去，也无风雨也无晴。”境界较低的是：好了，雨停了，身干了，雨后自有晴天，做人无须在逆境中乱了头发。苏东坡却更通透无碍，雨可以不是雨，逆境中凭心境自乐，于是，晴也不是晴天，万法无常之变与他心境无关。

“一个强烈的决心，以摄取人生至善至美，一股殷热的欲望，以享乐一身之所有，但倘令命该无福可享，则亦不怨天尤人。”林语堂的这句话就是对平常心最为精辟的解释！哈佛也告诉学生：宝贵的平常心会让你宠辱不惊。一个人，无论成败，只要能拥有一颗宁静的心，他就是幸福的。正所谓：宠辱不惊，闲看庭前花开花落；去留无意，漫随天外云卷云舒。

在我们的日常生活中，愈是具有平常心的人，生活愈能幸福，因为唯有这样的人，才能发现生活中最美的风景。平常心贵在平常，波澜不惊，生死不畏，于无声处听惊雷；平常心是一种超脱眼前得失的清静心、光明心。

平常心是对生命透彻的领悟，古人曰：生命薄如蝉翼，存在就该满足，这是有一定道理的。如果真的能够理解这句话，那一切烦恼困顿，均可弃之风中，不必挂怀。领悟生命的真谛，知晓生之弥足珍贵，就会以一种宁静的心态善待一切。

生命是一个过程，让我们怀着玩味的心情，怀着一颗平常心对待身边所有的事情。毕竟，如莫泊桑所言："人的一生，既不是人们想象得那么好，也不是那么坏。"

锦上添花，不如雪中送炭

回忆起和友人的交往历程，林语堂说："我曾两度由他（胡适）作保汇支一千大洋，不过胡适没有向北京大学提款，而是自掏腰包资助我。我回国才知道这个秘密……我知道胡适真够朋友，遂在年底前还清了。我正式记载下来，让大家明白胡适为人的慷慨和气度。"

真正的朋友不一定为你甘洒热血，却一定会在你深陷困境时伸出援助之手。朋友可能不是那个锦上添花的人，却会在雪中送炭。胡适和林语堂先生的友谊就是这样。

1919年，林语堂先生赴美留学。因为家境并不富裕，到美国不久经济上就遇到了困难。万般无奈之际，他想起了胡适，就向其求助，想由胡适做担保向别人借1000美元。过了不久，胡适果然给林语堂先生寄去1000美元，并解释说这是北京大学给他预支的工资，为了还账，就要求林语堂先生务必在留学结束后回北大工作。林语堂先生就答应了下来。之后，林语堂先生去德国莱比锡大学攻读博士学位的时候，经济上又遇到了困难，就再次向胡适求助，希望他能再代其向北京大学借1000美元，过了一段时间，胡适就又给林语堂先生寄去1000美元。就这样，因为胡适的两次相助，林语堂先生渡过了留学期间最困难的时期。

真正的友谊就是这样，不需要过多的言语，甚至不需要常常见面，只在心里互相惦念，然后再有难之时尽自己的绵薄之力。友情就会在相互扶持中得到升华。

回国之后，林语堂先生回北京大学还债，但那里的人却告诉他北大根本没有资助留学人员的做法。经过一番仔细了解，先生这才明白，那两千美元是胡适自己资助他的。困境之时挚友的伸手相助让两人的友谊更加笃实。

其实，人在帮助别人的时候，无形之中已经投资了情感。别人在困境中得到帮助也会铭记在心。也许一次微不足道的善行，便可能将一个人的命运改变。在成就别人的同时，付出的人也会因自己的行为而感到高兴和自豪。

爱默生说："人生最美好的事情，就是别人在你的帮助下获得了成功。"真正的朋友是懂得欣赏你、帮助你的人，是愿意为你无私奉献的人。如同林语堂先生和胡适之间的友谊。一个甘心付出，一个拳拳相报，这样的友谊才能长久。朋友就是在你困难的时候能够拉你一把，让你走上成功的人。当你取得好成绩时，别人再多的赞美，也抵不过好朋友的一句鼓励。当我们处在困境中的时候，更能发现谁才是我们真正的朋友。

第七卷

金岳霖

地上生活浪漫情，云端分析理性魂

金岳霖是最早把现代逻辑系统介绍到中国来的逻辑学家之一。他给传统味十足的哲学体系里兑了点西洋风，他以后的哲学，开始有独特的意味。金岳霖头上这些或那些的头衔一一列举出来，没有哪一项不是郑重权威的，但也没有哪怕一项，是熠熠生辉，金光闪耀的。他的头衔和他的为人一样，低调谦逊，味道十足却也坚决不张扬。

就像那本用了35年写出的《知识论》，摆在一众大师们的经典著作中，是默默的、颔首的，一不小心就错过了。但倘若发现了，便轻易不会再错过。翻来金岳霖的一生，细究下去，世人大抵会讶然一声，人们很难想象，一个深谙哲学的国民大师，却有着那样天真、率性甚至孩子气十足的一生。有人说他是“顽童哲学家”，在后人对他的诸多评说里，这是最恰当的评价。这评价最接近金岳霖的性情，他的内心里，大概千真万确地活着一个孩童，一个在尘世流连了快百年的孩童。这世界无论怎样地变迁，硝烟弥漫，世态炎凉，金岳霖心里那个孩童都顽强地纯真着。当然，他也经历波折、苦痛，但最后的最后，这世界依旧没能奈何得了那个顽强纯真着的孩童。

在金岳霖的生平里，从年轻到年老，俯首可拾的有趣轶事贯穿了始终，少有人情纷争，少有观点对立，少有立场纠葛，只有遍地的轶事，哪一件拿出来，都能让人由衷地会心一笑，哪一件拿出来，都能让人由衷艳羡他是如何活得那样童趣横生的：讲课时捉到一只虱子能让他自豪一下；专好大号美观的水果，这个爱好几乎成为美谈；爱小孩子是自然的，他本身就是一个天真的孩童；有人说他错了，他便坐下来心平气和、深刻客观地检讨自己，他检讨自己做学问没问题，做人大概大有问题。他感恩理解他的人，他对自己鲁莽所致的伤害感到万分歉意。可见，他的天性里不光只有天真的孩童，还有低调谦逊的自我检讨者。

如果说，这个顽童真有“冥顽不灵”的地方，那一定和一个叫林徽因的女人有关。他对她的感情，其知名程度甚至远超过他本身。他一生低调，只有对林徽因，情难自禁。他挑了一个影响不到她生活的时刻，一个她看不见的地方，深情地高调了一把。那时的林徽因已经去世多年，爱她的人她爱的人，大概都在心里渐渐将“林徽因”的名字淡化成一个影子。只有金岳霖记得。他召集了一众老友聚到饭店里，待大家都疑惑时，他起身深情地说，今天是林徽因的生日。一句话，说得在场人无不唏嘘。这举动之高调，甚至盖过了他一生中的诸多低调。但也只有这一次，这之前之后，他都没再高调过，都是不争不辩，自得其乐的一个顽童。也是很久以后，我们才醒悟过来，那一场高调，大概只有心像孩童般纯真的人才高调得起来，因为深情，所以情难自制。而试问尘世里的你我，又有几人能像个孩童般的深情与勇敢？

第十九章　此情只应天上有

物我两忘，是为人生极致

金岳霖个性随和，但行事风格有时却和众人不一样。在他诸多的轶事里，其中最出名、最有趣的，莫过于他的“忘我”事件。金岳霖因为太过于专注研究学问，常常达到“忘我”的境界。最严重的一次，甚至连自己的姓名都忘记了。那次和冰心聊天，金岳霖就提到了他的坏记性。他说，有一次出门访友，到人家门口按了门铃，这家女佣出来开门，问金岳霖“贵姓”。而就在这个时候，金岳霖忽然忘记自己的“贵姓”了，于是金岳霖对女佣开口说道：“你等一下，我去问我的司机同志我‘贵姓’。”弄得那位女佣半天说不出话来。

还有一次，金岳霖打电话给陶孟和，陶孟和的服务员问他是哪位，金岳霖忘记了，完全答不出来，但又不好意思说，于是便对服务员说，不管他，请陶先生说话就是了。那位服务员却态度坚决地拒绝了，金岳霖只好几番央求，还是不行。金岳霖想到自己的车夫王喜，便求救于他，哪成想王喜也不知道，他说，只听见别人管金岳霖叫过“金博士”，这一句，才提醒了金岳霖。

忘记自己名字的事，金岳霖向来只当做笑话讲给朋友们听。因为太过于全心全意地研究学问，导致连自己的姓名都忘记，这种看似荒唐的笑话后面，其实恰好是金岳霖一颗至纯至真的赤子之心。在1926年发表第一篇哲学论文《唯物哲学与科学》时，他就曾在文中说：“世界上似乎有很多的哲学动物，我自己也是一个，就是把他们放在监牢里做苦工，他们脑子里仍然是满脑子的哲学问题。”

没有人把金岳霖放进牢里做苦工，但身处在喧嚣浮华的世界里，其诱惑程度，远远高于做苦工，在俗世里满脑子只惦记哲学，惦记到物我两忘的人生极致，那才是最虔诚的表达方式。后来的金岳霖，凭借对哲学的热爱之情，凭借专心致志的忘我钻研，终于著作出不朽的著作：《逻辑》《论道》《知识论》等，成为中国哲学第一人。能取得这样的成就，和金岳霖“忘我”的精神境界是密不可分的。

一个人无论学习什么技艺，从事什么事业，如果想达到驾轻就熟、游刃有余的境地，必须能够忘我。美国作家海明威的作品以其自然、清新和精练而享誉世界，他那极为简洁的对话有着“电报式”的美称。他在谈到自己的写作习惯说：“我不停地写，刚开始时写得不好，慢慢地就写得好了；我站着写，而且只用一只脚站着，采用这种姿势，使我处于一种紧张的状态，迫使我尽可能简短地表达我的思想。”无论是金岳霖还是海明威，还是每个有着高超技艺的普通人，他们之所以能够技通乎神，都有一个共同点，忘我。忘我，才能专心致志，忘我才能全情投入。这才是极致。

荣辱名利，抵不过“玩味”二字

有一次，金岳霖的一个女学生问他：“逻辑学这样枯燥，前一半讲三段论，大前提、小前提、结论、周延、不周延、归纳、演绎还比较有意思。后半部全是符号，简直像高等数学。这么无味的学科，您为什么还要搞逻辑学。”可是没想到，金岳霖竟然回答她：“我觉得好玩。”

因为觉得好玩，并不是为了任何功利的原因在研究逻辑，所以不论别人怎样觉得，金岳霖只觉得乐在其中。学生们回忆起金岳霖的课，都称赞他“年轻力壮，讲课生动，很有吸引力，旁征博引，上下古今无所不谈，因此学生们非常爱听”。

因为从始至终怀着玩味的心态，不掺杂任何功利，金岳霖对逻辑学的热爱也十分纯粹。一本《知识论》，用去了35年之久，写完之后，连自己都由衷感慨：“我写了这本书，我可以死矣。”倘若没有至纯的感情，也不会有这样执著的毅力、也不会如此动情吧。

金岳霖这一生，无欲无求，任何荣辱名利之类的东西，都不会打动他，相反，只要是他觉得好玩的东西，不管多么得冷僻，多么得幼稚，多么得无用，他都能够全心全意地喜欢到底。

金岳霖在他的回忆里就曾说过，自己最喜欢个儿的水果，当年在美国留学，在第五街看见用盒子装的苹果，每盒6个，一盒2.4美元，那时候的金岳霖，每月只有60美元，但仍然抵挡不住诱惑，买来吃了。后来，金岳霖一直保持着这习惯，在家中摆一些大个儿的苹果，不为了吃，只为了观赏，纯粹是为了玩味。

这种玩味的心态，让金岳霖看淡荣辱名利，甚至从来不把这些外界的虚名放在心上。他之所以是这样一个至情至性的人，全都是因为他的无欲则刚。金岳霖的这种心境，向来被中国人所推崇。就像中国人不仅倾慕诸葛亮的神机妙算，还欣赏他的淡泊人生观，常常借用他的一句话——“淡泊以明志，宁静以致远”，来自我勉励。只是身处这样一个浮躁时代，人们往往心浮气躁，似乎难以找到那一种宁静、平和的精神境界。

淡泊的心态也是孔子所提倡的，《论语》里讲到“无欲则刚”，意在告诉人们：一个真正强大的人是“没有欲望”的——因为“没有欲望”，所以才不会患得患失。

“无欲则刚”从另一层面来看，也可以解释为“人若无欲品自高”，也就是说，人若没有私欲，品格自然高尚、不染尘泥。

著名学者季羡林先生的一生就恪守着“人若无欲品自高”的为人处世原则。名利心人人都有，要做到“无欲”很难，所以老子也只说“清心寡欲”，一个人能让自己变得不那么贪婪已经很了不起了。一个人能把名利看得淡一些，境界就会高一些。因此，一个人要想使自己的智慧清明起来，必须先放下一切，使自己真正空起来，才能拥有无限的可能。

童心不泯，人最真

金岳霖终生未婚，膝下无儿无女，但是他本人却并不因此而孤僻，他一直是个性情温和宽厚的人，最明显的表现是，无论是在他年轻还是年老时，都还有一颗让人艳羡的童心。

在美国留学期间，有一次，金岳霖放学回家的路上遇到房东太太。见金岳霖的脸色不好，房东太太关切地问他怎么了，是不是有什么不高兴的事。金岳霖委屈地回答她说，国内的女友来信要和他分手。说完，便跑到鹅湖边绕湖而走。这下可吓坏了房东太太，她以为金岳霖要寻短见，赶紧尾随其后，还找人帮忙，劝他千万要想开。实际上，根本没有分手这件事，不过是金岳霖的一个小恶作剧。

因为生性天真，所以金岳霖做人也十分率真，世俗的那一套，他尤其不喜欢。他最忌讳的就是送礼，如果有人送了礼物，无论是谁，他都会声色俱厉地将他赶出门去，一点情面也不留。唯一能让他留情面的，只有三样东西，年历、湖南菜和大梨。每次侄女送来豆豉蒸肉，他都要嘱咐厨师收好，留着他以后慢慢吃。

类似的童趣横生的轶事在金岳霖的生活中还有很多。比如金岳霖喜欢养鸡，喜欢到可以和鸡同桌吃饭的地步。甚至因为怕鸡生病，不惜把友人叫到家中来，帮忙照料。友人回忆起金岳霖时说，他是一个治学严谨、知识渊博、不落俗套、不赶潮流、为人冲虚守正的一个真实的人。

当大多数人被世俗的观念渲染得变成了各种各样的人以后，金岳霖却依然保有他纯真的个性。所以，金岳霖一直是个真实的人，只做自己，独享自己觉得快活的人生乐趣。而在如今社会中的我们，却终日碌碌无为，为了各种各样的欲望磨灭了真性情，戴着面具做人，过得稀里糊涂，自己完全体验不到快乐的生活。

事实上，有很多人之所以不愿意做个真实的人，喜欢给自己戴上各种奇形怪状的面具，是他们认为自己无论拥有怎样的高尚情操，如何去修养自己的品行，都会被别有目的的人诋毁、嘲笑，甚至践踏。这让他们在感到自己吃亏的同时，觉得做一个虚情假意的人也无伤大雅。于是，他们也以此去对待别人，以至于真实的人、真实的心日益减少，而迷人眼目的沙尘却是漫天飞。

一个真实的人，不会为无聊恶毒的诽谤去辩解什么，因为他们知道，行得正，又何惧别人说三道四。所以，真实意味着坦荡诚恳，意味着认真实在，志向坚定，情趣高尚，其品格德性都令人高山仰止。正因如此，即便是受些委屈、受些诽谤，甚或受些无端的指责又有何妨？虽然人生行路，偶有小径，但终归天下是大道为多。

第二十章　活着是一个迷中求悟的过程

困惑源于诚实，追寻必定勇敢

金岳霖的学生有一次回忆说，他在西南联大读书的时候，一个寂静的黄昏，他和老师金岳霖一起散步。他问金岳霖，哪一派是真理，金岳霖沉思一会儿说：凡属所谓时代精神，掀起一个时代的人兴奋的，都未必可靠，也未必持久。学生继续问他，什么才是可靠持久的思想，金岳霖说，经过自己长久努力思考出来的东西，比如说休谟、康德、罗素等人的思想。

在抽象思维方面，金岳霖自诩为相当精细，金岳霖敢于质疑真理，从来不盲从，所得结论，一定都是通过自己思索得来。

有一次，金岳霖的侄儿来看望他，两人聊起了李清照的《声声慢》，侄儿说，他有一个矛盾，想请教金岳霖："黄花是什么花？"金岳霖说，当然是菊花。侄儿又问："乍暖还寒，是什么时候？"金岳霖回答说，是早春，春天。侄儿接着问："'寻寻觅觅，冷冷清清，凄凄惨惨戚戚，乍暖还寒时候，最难将息'，应该是早春吧？"金岳霖回答是。侄儿继续说："'三杯两盏淡酒，怎敌他晚来风急，雁过也，正伤心，却是旧相识，满地黄花堆积’，怎么又到秋天？”金岳霖一下子被问住了，他说，这个问题提得很好，我得好好考虑考虑。

换做一般人，被晚辈提出的问题难住，又是学者、大家，大多会推辞了事。而金岳霖难得便难得在他的率真诚实，确实不懂，所以他一定要弄个清楚。

侄儿本来没有指望叔父的回音，没想到，金岳霖却认真起来。他接连收到金岳霖的好几封信，不断和他探讨这个问题。最后终于得出结论：乍暖还寒时候，这个肯定是春天，这一点毫无异议，只能认为“黄花”不是菊花，而是早春时节的迎春花或连翘花。

虽然是件小事，却正是在小事中才能窥见人的真性情。金岳霖自有一份“不懂就是不懂”的诚实，也有一种“不懂就一定要弄懂”的勇敢。这一点，不要说普通人，就连一般的学者都未必能做到。

人们因为各种担心，不敢诚实地面对自己的困惑。没有了这份诚实，更不会有追寻真理的勇敢。“吾爱吾师，吾更爱真理！”亚里士多德面对众人的指责如是说。他自17岁开始，便拜师于柏拉图门下学习。在长达二十年的学习生涯中，亚里士多德一直以崇敬的心态面对柏拉图，他还曾专门写过一首赞美柏拉图的诗：“在众人之中，他是唯一的，也是最初的，这样的人啊，如今已无处寻觅！”他对老师柏拉图的情义可见一斑。

然而，即便他如此崇敬柏拉图，在面对老师的错误和缺点时仍能勇敢地指出来。于是，有人指责他背叛了老师，故而才有了他那句“更爱真理”的名言。这是人理性反思的结果，也是人摆脱本能状态走向智慧的一种姿态。

人生本无目的，过程即目的

1984年10月19日，金岳霖在北京寓所逝世，享年90岁。金岳霖的学生和同仁们闻讯赶来和金老告别，细心的学生发现，老师离去的时候，穿的竟然是一套破旧的内衣，此情此景，无不让在场的人潸然泪下。

金岳霖的一生，简朴率真，同仁们都给过他很高的赞誉。冯友兰说金岳霖天真烂漫，率性而行。张申府称他是中国哲学界第一人。汪曾祺赞金岳霖有赤子之心。王晓渔称金岳霖是个顽童哲学家，永远都是个“天真汉”的形象。殷海光赞美金岳霖的《逻辑》一书，像“彗星临空，光芒万丈”。

金岳霖是将西方逻辑介绍到中国来的创始人，他的一生，没有明确的目的一定要扬名立万，流芳百世。学哲学是为了好玩，他也把自己的人生过得很有童趣很率性。金岳霖的一生，看似没有目的，但九十年的风雨历程在他天真潇洒的性情中结束，这个过程便是最好的目的。

人生就像是旅途，也许终点和始点会重合，但我们如果一开始就站在始点等待人生的完结，那人生就会一片苍白，其中没有美丽的风景和令人难忘的过往。当我们告别人生的时候，也不知道生命的色彩和意义。

一位澳大利亚商人到东南亚去旅游，他住在海边的一个小渔村里。

他注意到那里有一位渔民，每天在大海中打捞几条鱼便回来了。商人很奇怪，问："你为什么不多花些时间多捕一些鱼呢?"渔民说："这些鱼已经够我吃的了，何必多操那份心呢?"商人问："那你每天还有那么多时间都干些什么?"渔民说："回来和孩子们玩一会儿，和老婆聊聊天，到黄昏的时候，和老哥们儿一起喝喝酒。"

商人很不以为然，他告诉渔民："如果你能按照我说的去做，也许你会生活得更好。"渔民笑着点了点头。商人又说："你在大海中多停留一会儿，抓到更多的鱼，可以卖到更多的钱。有了钱之后，你可以拥有一只大船，甚至一支船队。这样你每天有几十吨的鱼，可以自己开办加工厂，进行直销。你就会拥有大量金钱，有了钱之后你可以去洛杉矶甚至纽约。"渔夫问："到那儿做什么呢?"商人说："到了那里，你可以做更大的生意，变成一个大富翁，你的钱财一辈子也花不完。"

渔夫问："那么，再然后呢?"商人哈哈大笑："然后你就可以退休啦！到时你可以搬到你家乡的小渔村去住。每天睡到自然醒，出海随便抓几条鱼，和孩子玩儿玩儿，与老婆说说话，到了黄昏再和老哥们儿喝喝酒，你的一生就算过去了。"

同样的人生结局，因为有了不同的过程，而显得意义不同。如果省略了那些曲折动人的奋斗历程，那么也就失去了辉煌而精彩的人生。年轻的时候，要有胆量去尝试一些困难的、冒险的，但却有内容、有意义的生活。当困难被克服了，险境过去了，才会尝到一些人生的真味，才会真正懂得人生的苦乐。

执著是永恒的浪漫

不论是用了35年的时间著作一本书，用半生的时间深爱一个人，还是用一生的岁月维持一个不大不小的爱好，金岳霖都能将"执著"二字，演绎出一种别有风情的浪漫。《知识论》一书写完，向来对金钱无甚感觉的他，顽固如孩童般地向人家讨要稿费；林徽因去世的那天，他听到消息，在办公室里放声大哭。她去世许久，很少再被人提及的时候，只有他还记得她的生日；他一生钟爱大号的水果，每每摆放两个外观漂亮的水果在桌子上供自己观赏。这个爱好执著地维持到晚年。晚年时，晚辈来讨要水果，他也小心翼翼地挑选，孩子气地只给人家“榜眼”和“探花”，从不肯给人最大的。

这就是金岳霖式的执著，一点也不恶形恶状，有一种天真的浪漫。

生活的浪漫，不在于物质的富足，而在于精神上的不放弃；爱情的浪漫，不在于给予了多少奢华，而在于你有没有一颗执著的心灵，将你们的爱情进行到底，将你们的感情升华为最美丽的神话天堂。像金岳霖这样执著的浪漫着的人，并不在少数。

追逐爱情的路上，没有笔直的通道。只有坚持不懈，才能到达幸福的彼岸。可是在生活中，又有多少人能够坚守住自己的心，在困难中不动摇呢？

所以，不要轻言放弃。等久一点，执著一点。因为你永远不知道，因你的不执著会错过什么。你永远也不知道，你的浪漫执著会感动多少人。

第二十一章 活得简单，所以活得自由

仁厚的心灵不会被辜负

金岳霖曾经自我反省道：“我是个在情感方面百分之百粗疏的人，在行为上难免不懂规矩，不守章法，不顾人情，不习世故，因此在生活道路上难免横冲一阵，直撞一阵。不同情于我的人难免觉得我麻烦，甚至而讨厌。同情于我的人又不免发生一种随时加我以保护的心思。”金岳霖这样自省，是自谦了。不管他是不是像自己说的那样不谙于世故，但在亲友、同仁、学生的眼中，他一直是很受欢迎的。他虽然不懂得与人周旋，但这也恰恰成全了他的简单。金岳霖天生有一幅仁厚的心肠，不需要任何的手段，简简单单地帮助人，对人好，就能让他得到别人真心的回馈。

也许是因为膝下无儿无女的缘故，金岳霖很喜欢小孩子。他所居住的胡同里，经常有一群小孩子在玩闹嬉戏，楼里的一些老学者们嫌孩子太烦，无法安心工作，于是联名请求相关部门约束，只有金岳霖拒签，他说，以后的社会主义建设，还要靠这些小孩子呢。不光嘴上这样说，金岳霖平时和孩子们走得也非常近，经常和他们玩一种游戏：比较谁手里的水果个儿，比完了，他就顺便把水果送给孩子们吃。渐渐地，每次金岳霖从胡同里经过，满院的小孩都会高声喊“金爷爷”，足见他的人气之旺。

金岳霖的学生们也喜欢他。对于自己很赏识，但是家中贫困的学生，金岳霖向来会慷慨资助。见有个学生家境贫困，他便自告奋勇地帮人家联络工作，不成，他又负担起学生的生活费用。还要时不时地鼓励该学生，减少他心头的压力。金岳霖教过一个叫荣晶星的学生，冬天没有棉衣穿，金岳霖听说后，便把自己的中式棉袍送给他。

金岳霖的每月工资，几乎都用来资助家境贫困的学生，接受资助的青年们，一直感念他。在这些学生的心里，没有人能够代替金岳霖崇高的地位。他传授的不仅仅是逻辑学的知识，更重要的是，他把爱和良善带到了学生们中间。每每提到老师金岳霖，学生们都无不充满怀念之情。

君子坦荡荡，小人常戚戚。恶人更是常常四面楚歌，如临大敌，其鸣也凄厉，其行也荒唐，其和也寡，其心也惶惶。而善良者微笑着面对现实，永远不丧失对于世界和人类、祖国、友人、理想的信心。

世事如云，从容观其变迁

金岳霖的一生都过得极从容，在他身上看不到大风大浪，抑或，即便生活中有波折，金岳霖也从不把它们当做风浪去对待。在这如云的世事里，他能够从容地观其变迁。

人们每天都在烦恼些什么呢？其实不过是“无故寻愁觅恨”而已，这是红楼梦中的一句话，描写一个人的心情。其实每个人都是如此“无故”、没有原因的“寻愁觅恨”，心里讲不出来，却烦得很。“有时似傻如狂”，这本来是描写贾宝玉的昏头昏脑境界，饭吃饱了，看看花，郊游一番，坐在那里，没有事啊！烦，为什么烦呢？没有理由的。世间的人大多如此，每天都被各种各样莫名其妙的烦恼所包围，心灵永远没有平静的时候，甚至在睡觉的时候都在做各种各样奇怪的梦。

《西厢记》也有对人心理情绪描写的词句：“花落水流红，闲愁万种，无语怨东风。”没得可怨了，把东风都要怨一下。哎！东风很讨厌，把花都吹下来了，你这风太可恨了。然后写一篇文章骂风，而自己不晓得自己在发疯。这就是人的境界，花落水流红，闲愁万种是什么愁呢？闲来无事在愁。闲愁究竟有多少？有一万种，讲不出来的闲愁有万种。结果呢？一天到晚怨天尤人，没得可怨的时候，“无语怨东风”。

梨花带雨或许也算是一种美，但如林妹妹般整日沉浸于愁闷之中，雨也会把梨花打落，单看她的下场便可知。人生需要的是一种顺其自然的心态，而不是将所有的愁闷都郁积于心中，任由其肆虐，甚至是鼓励其不断发展壮大。柏杨先生也曾说：“过度发愁也难以安枕。有句俗话曰‘愁闷瞌睡多’，似乎只是相对的真理，小愁小闷可能把人搞得昏昏沉沉，但大愁大闷恐怕严重万分。”

转头想来，“世上本无事，庸人自扰之。”有人为自己长得不够漂亮而愁闷，有人为自己不够瘦而愁闷，有人为自己没有别人有钱而愁闷，其实，无一不是庸人自扰而已。漫漫人生路，我们难免会碰到一些无法改变却让我们遗憾的事情，我们仍然可以有所选择。我们可以把它们当作一种不可避免的情况加以接受，并且适应它，否则我们只有让愁闷毁了我们的生活，甚至最后可能会弄得精神崩溃。

威廉·詹姆斯曾给过我们这样的忠告：“要乐于承认事情就是这样的情况。”他说：“能够接受发生的事实，就是能克服随之而来的任何不幸的第一步。”或许我们需要的就是一点豁达，能够承受一些无法改变的事实，让一切都顺其自然吧。

各有各的苦乐，何必纷争

天下最接近“道”、最有智慧的人，便是不争的人。利益有限，争得头破血流也最多只能抢到有限的一部分，而且不免会招人厌恶。冷静达观，显出礼让的态度，却往往能比争抢者得到的更多。

三国时，曹操选立太子时，长子曹丕为太子，但次子曹植更有才华，文名满天下。于是曹操一时间难以定夺。曹丕是极不甘心自己的太子之位被弟弟夺走的，他想拼死一争，却又明知自己的才华远在曹植之下，胜数极微。曹丕就向他的贴身大臣贾诩讨教。贾诩说："您有德行和度量，像个寒士一样做事，兢兢业业，不要违背做儿子的礼数，这样就可以了。"

一次曹操亲征，曹植又在高声朗诵自己做的歌功颂德的文章来讨父亲欢心，并显示自己的才能。而曹丕却伏地而泣，跪拜不起，一句话也说不出。曹操问他什么原因，曹丕便哽咽着说："父王年事已高，还要挂帅亲征，作为儿子心里又担忧又难过，所以说不出话来。"

此言既出，满朝肃然，都为太子如此仁孝而感动。相反，大家倒觉得曹植只知道为自己扬名，未免华而不实，作为一国之君恐怕难以胜任。结果还是"按既定方针办"，太子还是原来的太子。曹操死后，曹丕顺理成章地登上魏国皇帝的宝位。曹丕是个聪明人，与其争不赢，不如不争。只需恪守太子的本分，让对方一个人尽情去表演吧。

最后，这场兄弟夺嫡之争，以不争者胜而告终。

对掌权握势者来说，下属做事的态度会比做了多少更重要。在其他人争先恐后之时，自己显出"不争"的冷静，反而更能得到上级的认可和信任。

合作是维持秩序、克服混乱的重要法则，一旦要各自居功、互不相让，这个法则必然遭到破坏，世间的秩序将无从谈起。在这一点上，林语堂先生便极为明智，在《八十自叙》中先生曾说，自己始终喜欢革命，却不喜欢革命家，他极讨厌政客，绝不加入任何团体与人争吵；从这两句话不难看出，先生极力想远离那些被利益纷争缠绕的环境和身份，他想做个清净的人，远离这些，便可达到此种目标，或许正因为如此，林语堂先生才会从厦门大学文科主任的职位上请辞，不做他人争权夺利的牺牲品。活得随意，远离烦恼。

不争，才能争来生活的智慧和快乐。铭记此话，生活就会更加美好。

《道德经》中有云："上善若水。水善利万物而不争，处众人之所恶，故几于道。居善地，心善渊，与善仁，言善信，正善治，事善能，动善时。夫唯不争，故无尤。"老子拿水与物不争的善性一面，来说明它几乎近于道的修为。

如果将水的品性归结到一点，那便是"不争"。所谓"不争"，就是摒弃争强好胜，抛却争名夺利之心，若人能做到不争，也便可消弭人世间的各种矛盾和争端。

第八卷

梁实秋

情理相互依傍的人性，比生命更长

梁实秋先生对文学的热爱，高于政治。对人性的追究，胜于时局。这在硝烟弥漫的战时，是极不讨喜的性情。后来又成为国内研究莎士比亚著作的第一权威人士，更添了行文处世中的浪漫情愫，性格也渐偏中庸，不似鲁迅那般刚烈。他们二人曾经有过长达八年之久的笔下论战，鲁迅斥责他没有爱国情操，他不能容忍文学被拿去抗战，当做祭奠，沦为牺牲品。都是源自真心真情，因此谁都没错。只是处在那样一个纷乱的年代，人性的美丑善恶要放在民族这个大环境之下，不好评说。

但梁实秋始终是自由的。这自由中四溢开来的勇敢，源自他对人性了解得通透。凡所有大资本家小工人，莫不能脱离人性这个庞大的框架。无论阶级立场、身份地位有何不同，他们在人性本质上是无异的，一样会感到生老病死的无常，一样都有爱的需求，一样都有着道德伦常的观念。人人都在企求身心的愉快，哪里有什么两样呢？人性是没有阶级的。

不过他承认人性的复杂。历史的车轮在时间的洪流中缓缓碾过，几经轮回，依然没有谁能完全、彻底得给这历史中的主体——人——一个精确的概念。人性复杂到无人能分得清楚其到底包涵几样成分。梁实秋因此而庆幸，恰好因为复杂，才有条理可说。条理依据什么来评说？那便是理性。情感再热烈，想象力再丰富，都要像人的理性低首。以理性为依托，人才可以为人，人生才会健康，才是常态，看着才普遍。如果说非要给人性加一则标准，这便是最好的标准。

至于梁实秋本人的人性，用一个时兴的词汇概括，叫做“二元”。他有一个“需要被控制的自我”代表着情感，有一个“施加控制的自我”，代表着理性。以理性的纪律为基础，把理性放在人性的中心，遭遇情感的泛滥，便对其施加合理的束缚。所以啊，梁实秋的一生，浪漫得不像话，可那浪漫却是让人无可挑剔的合情合理。

就像他不管怎样呼吁人性向理性靠拢，却并不妨碍他自己长成一朵花。冰心对梁实秋那著名的评价，人人都记得。那是梁实秋的寿宴，他兴致勃勃，追着冰心为他题字。冰心喝了一点酒，酒后通常都是真言，于是她挥笔写道：“一个人应当像一朵花，不论男人或女人。花有色、香、味，人有才、情、趣，三者缺一，便不能做人家的一个好朋友。我的朋友之中，男人中只有实秋最像一朵花。虽然是一朵鸡冠花。培植尚未成功，实秋仍需努力！”

这朵鸡冠花究竟努力到几成，成功与否，不是我们后辈所能评说与妄断。只是，当梁实秋在重庆他的那处知名雅舍里，用心的将昔之秋译成今之梁，悠然地品评人间百味时，他便已经是最自由的梁实秋。管他谁懂谁不懂，他兀自爱着这绚烂人生。

第二十二章 遍尝人间百味情

寂寞是种清福

梁实秋把现今世界里的人分成两种：“一是在现实的泥潭中打转的人，一是偶然也从泥潭中昂起头来喘口气的人。”而寂寞，梁实秋认为，便是供人喘息的几口新空气。喘几口气之后还得耐心地低头钻进泥潭里去。所以梁实秋不再苛责逃避现实的人，如果现实真能逃避，这是我们寤寐以求的事。

有过静坐经验的人该知道，最初努力把握着自己的心，叫它什么也不想，这是多么困难的事！那是强迫自己进入寂寞状态的手段，所谓参禅入定就属于此类。而梁实秋所赞美的寂寞，和这种禅定稍有不同。梁实秋所谓的寂寞，是随缘偶得，无需强求，一刹那的妙悟也不嫌短，失掉了也不必怅惘。所以，如果我们有一刻寂寞，我们应该要好好地享受它。

寂寞是种清福，而这种清福不是人人都能享得。外界的杂乱暂且不说，光是内心的六根不净，随时随地会心猿意马，就无法让人享有寂寞这种清福了。有的人虽然处在最寂寞的境地里，他也是慌成一片，忙成一团，六神无主，暴跳如雷，他永远不得享受寂寞的清福。

寂寞不是无可留恋的形单影只，而是岁月沉淀下独享的美丽；寂寞并非磨难重重的苦境，而是可通往自由之界的通途。寂寞本身并不可怕，也并非完全是对人的热情的消融，只要人的内心拥有阳光，便能在心灵的寂寞中享受到静谧的美丽。

懂得享受寂寞的人，会在沧海桑田的变迁中收集新绿。懂得享受寂寞者，是真正悟得禅机的人，它能帮助人参透万物的玄机，能够令人时时专注一境，身轻心安，进入观照明净的状态，给人启示。享受寂寞者，纵使置身喧嚣的闹市，仍然身外无物，心静如水；独处大漠，仍有长河落日做伴；红尘再热闹，行走的脚步永远不会虚浮。在他们的眼中，世界的一切悲欢离合，兴衰荣辱，只不过是漫漫人生旅途中相遇的过客和不同的价值符号，其本源意义都是殊途同归；苦难是磨砺，是天赐和厚爱；寂寞有静美，是蛰伏与爆发。

《菜根谭》里说：“宠辱不惊，闲看庭前花开花落；去留无意，漫随天外云卷云舒。”为人做官能视宠辱如花开花落般平常，才能“不惊”；视职位去留如云卷云舒般变幻，才能“无意”。“闲看庭前”大有“躲进小楼成一统，管他冬夏与春秋”之意；“漫随天外”则显示了目光高远，不似小人一般浅见的博大情怀；一句“云卷云舒”又隐含了“大丈夫能屈能伸”的崇高境界。对事对物，对功名利禄，失之不忧，得之不喜，正是“淡泊以明志，宁静以致远”。

古来圣贤皆寂寞，是真名士自风流。只有做到了毁誉不惊、去留无意，方能心态平和、恬然自得，方能达观进取、笑看风云。

君子情谊，清淡了人生

友谊是人与人之间的一种良好的关系，其中包括了解、欣赏、信任、容忍、牺牲等诸多美德。

古来圣贤对交友一事向来看得很郑重。古人有所谓“刎颈交”，陈义过高，非常人所能企及，所以梁实秋觉得，这只是传说中的美谈。到了实际生活当中，我们就不得不把友谊的标准降低一些，试想一想，如果涉及了钱财，我们信得过的朋友能有几人？在我们失意或疾病患难之时还肯雪中送炭的朋友又有几人？

富兰克林说：“有三个朋友是最忠实可靠的——老妻，老狗和现款。梁实秋觉得，最妙的是这三个朋友都不是朋友。倒是亚里士多德的一句话最干脆：“我的朋友们啊！世界上根本没有朋友。”这句话近于愤世嫉俗，事实上世界上还是有朋友的，不过虽然无需打着灯笼去找，却是像沙里淘金一般需要长时间地洗炼。一旦真铸成了友谊，便会金石同坚，永不退转。

“君子之交淡若水”，所以梁实秋主张，友谊易淡而不易腻，只有这样才能持久。“与朋友交，久而敬之。”敬就是保持距离，也就是防止过分的亲昵。不过“狎而敬之”这其实是很难的。梁实秋提醒道：最要注意的是，友谊不可透支，总要保留几分。“神圣的友谊之情，其性质是如此的甜蜜、稳定、忠实、持久。可以终生不渝，如果不开口向你借钱。”梁实秋觉得，这是有感而发的大实话。虽然，朋友本有通财的情谊，但这又是非常微妙的一件事。梁实秋觉得，世上最难指望的事是借出去的钱，一般人觉得，最倒霉的事莫过于还钱。一牵涉钱，友谊当中的恩怨便很难清算得清楚，多少成长中的友谊都被这钱财所“残害”。

有人以为，作为好朋友就应该有福同享，有难同当。其实不然，好朋友之间见面和交往的机会虽然比其他人多，可是任何事都要有个“度”，超越这个度你得到的就是相反的结果。人们常说：“朋友是用心经营的。”其实，真正的友谊，不在乎时间和空间的距离，它不需要世俗的虚华，它是深藏在心灵深处的，即使岁月流逝，时间的风沙也不会磨损曾经的容颜。真正的友谊，是冰封于雪山之巅的菱花，任世俗流转，它亦千年不变。真正的友谊，是心里藏着思念的蛛线，即使不曾见面，也会在彼此的内心留下随风一荡的漪涟。真正的朋友，在乎的是心与心的默契，他们之间不需要刻意联系，他们之间也不必刻意维系，他们的关系，永远平淡如水、隽永如水。

距离是人际关系的自然属性，亲密的两个朋友也不例外。你们成为好朋友，只说明你们在某些方面具有共同的目标、爱好或见解以及心灵的沟通，但并不能说明你们之间是毫无间隙，可以融为一体的。过于亲近，有时会被刺伤；过于疏远，又感受不到友情的温暖，只有把握好相处的距离，才能让友谊之树常青。

朋友有君子，有小人，交友也有君子之交和小人之交。君子之间的友谊平淡纯真，但真实亲密而能长久。小人的友谊浓烈甜蜜，但虚假多变，经不起时间的考验。

第二十三章　向理性低首，才是人性常态

合理骂人，骂人亦合理

梁实秋说：骂人是一种高深的学问，不是人人都可以随便试的。有因为骂人挨嘴巴的，有因为骂人吃官司的，有因为骂人反被人骂的，这都是不会骂人的缘故。所以他对骂人一事加以研究，得出的结论是，骂人也是讲究艺术性的。

首先，骂人要讲究知己知彼。骂人是和动手打架一样的，你如想打人一拳，你先要自己忖度下，是不是吃得起别人的一拳。比如你骂他是“屈死”，你先要反省，自己和“屈死”有无分别。你骂别人荒唐，你自己想想曾否吃喝嫖赌。否则别人回敬你一二句，你就受不了。所以别人有着某种短处，而自己也正有同病，那么你在骂他的时候只得割爱。

梁实秋还说，要骂人须要挑比你大一点的人物，比你漂亮一点的或者比你坏得万倍而比你得势的人物。总之，你要骂人，那人无论在好的一方面或坏的一方面都要能胜过你，你才不吃亏的。你骂大人物，就怕他不理你，他一回骂，你就算骂

着了。在坏的一方面胜过你的，你骂他就如教训一般，他即便回骂，一般人仍不会理会他的。假如你骂一个无关痛痒的人，你越骂他他越得意，时常可以把一个无名小卒骂出名了，你看冤与不冤？

另外，梁实秋还指出，骂人应该适可而止，否则就是无理取闹了。骂人还要旁敲侧击，越要骂他越要原谅他，即使说点恭维话也不妨事，因为这样会使你所骂的句句属实，更显自己有度量。骂人时的态度要镇定，太过浮躁，就成了泼妇骂街了，在对方暴躁的时候，对他冷笑几声，足以把他气得半死不活。最后，骂人也要讲究出言典雅，要骂得含蓄为妙，高境界是骂他一句使他不觉得是骂，而通俗的语言达不到这个效果，不如典雅的文句含蓄。

梁实秋指导的骂人，虽然不是传统意义上值得提倡的事，但究其细节，让人发现能够将骂人提升到“艺术”的程度，其实是不易的。骂人需要好涵养，需要健全的道德观念，甚至需要一定的文化底蕴。艺术的骂人未必就是一件容易事。但是骂得合理，合理地骂人，却是一件可以伸张正义的事。

林语堂也曾说，学者到了该骂人的时候也是要骂的，在如此多事之秋和黑暗透顶的政治底下，从来不骂人的学者一定不是好学者。

林语堂先生虽然是一介文人，但心中却有一股浩然正气。在很多人眼里，文人似乎知道动笔杆子，身上缺乏必要的阳刚和正义感。但实际上，文人不是“手无缚鸡之力”，不是没有英武之气和正义感，而是没有合适的时候显现，时机一到，自会爆发，其力量也是无比强大的。拥有正义，敢于维护真理，甚至有的时候，为了达到预期的效果，不惜用“骂人”这种市井的方式表达出来，足见他们勇气之可嘉。

骂人并不是一件坏事，如果我们能够将其升华，运用得当，骂人也能成为我们伸张正义或者揭露黑暗的一种手段，只要我们能够保持一颗清明的心。

像爱生命一样爱时间

看着钟表上的秒针一下一下地移动，是梁实秋认为最令人触目惊心的一件事。因为每移动一下就表示我们的寿命已经缩短了一部分。撕下一张日历就表示我们的寿命又缩短了一天。世人大多爱惜生命，却少有珍视他的时间。所以梁实秋建议道，如果想在有生之年做一点什么事，学一点什么学问，充实自己，帮助别人，使生命有意义，不虚此生，那么就不可浪费光阴。

梁实秋承认自己就是个浪费了很多时间的一个人。虽然他不打麻将，不听戏，不看电影，不走亲访友，但他觉得自己仍把时间都浪费了。梁实秋痛自反省，他觉得自己应该集中精力，读所未读过的书，写所要写的东西，但是他没有，反而让好多时间糊里糊涂地混过去了。梁实秋翻译莎士比亚的书籍时，本来计划每年译两部，二十年即可完成，但是他用了三十年，所以他责备自己的懒。并且他说自己，幸亏活得长久，否则恐怕未必能完成，很惊险。于是他也不免后悔，假使年轻的时候鞭策自己，如今当有较好或较多的表现。

梁实秋出国留学的时候，梁实秋的父亲买了一套同文石印的前四史，塞满了他行李的一半空间，梁实秋在外国混了几年之后又把前四史原封带回来了。直到四十年后才鼓起勇气读了“通鉴”一遍。事到如今，梁实秋觉得自己要读的书太多，于是深感时间有限。

我们常常空喊“珍惜时间”的口号，但我们却在很多事情上一再拖延。

世间有多少事经得起拖延，有多少成功是在等待和煎熬中得来的？一件事如不当机立断，在该行动时果断行动，良机错失，可能就难再觅成功的契机。林语堂先生说，成功的人绝没有拖延的恶习，做事的时候，他们不过于郑重也不丧失本来的自信，他们会在热情最高涨和兴趣最浓厚的时候做每一件事。如果一味拖延，原本的好事也会变了模样，很多人就是这样失去美好愿景的。

拖延不但会打消一个人做事的热忱，还会消灭人的创造力。有时候机会突然降临到我们的身上，但如果这时拖延的话，留给自己的将是无限的遗憾。那些在学习生活中取得巨大成功的奔跑者，都是不拖延片刻的人，他们知道时间和机会的重要性。所以抛弃拖延的习性，不让拖延困住我们的步伐，让自己也向前奔跑吧！

读好书是一种便捷的修行

梁实秋的一位朋友说自己已经读遍了世间的好书，梁先生却提出了自己的质疑：世间好书有多少？伟大著作的作者的学问又是从哪里学来的？读书是一个学习和积累的过程，但是不应该仅满足于吸纳知识，还应该有自己的思考，形成自己的思想。从读书来说，重要的是有选择的、有辨别的阅读，不应该片面注重数量而忽视书的质量。当然那些经过了时间检验的传世经典是人们所不能够错过的，它们都是思想和文化的结晶。

究竟怎样去读书，读什么样的书，即使是梁实秋这样的大家，也一直在研究。当我们审视每一个成功人士的经历时，会一次又一次地感到，总有一股力量在左右着他们的人生，这就是知识的力量。一个人要构筑自己的知识力量需要做许多努力，但最重要的莫过于读书。

学生时代是人生阅读的大好时机，男孩的兴趣激发他不断地去探寻书中的知识。但是书籍多如星辰，在我们短暂的一生中是无法将它完全读尽、读透的。因此，我们需要引导孩子在热爱读书的同时还应该找到合适的方法，以最高的效率猎取他想要获得的知识。

专业书籍应该读之精深；为增长知识提高素质而读的书，只要读其大概就可以了，至多对那些有意义的、重点的语句多读几遍。特别是学理科的男孩读人文书籍，不必在一本书上花太多时间。这段时间读一本，那段时间读一本，久而久之对某一类的知识就知道得多了。文、史、哲、美这类书，靠的是感觉和理解。读完一本哲学书，掩卷而思，很难用几句话概括出自己的收获，但是它已经潜移默化地影响了你的心灵。一些专业性较强的书籍，也不宜花很多时间，因为它不太容易钻进去，如果你没有搞这一专业，钻深了也无用。读一两本知其大概就可以，将来如果需要，再去钻研也来得及。

读书时也不一定要硬着头皮非把一本书从头至尾读完不可。有兴趣就读，没兴趣就不读，或者放一下再读另一本书。这本书没读完，过一段时间再捡起来，也许读起来更有味。

一般来说，认识字的人都会阅读，但阅读却是大有方法、技巧可循的。会读书的人能做到事半功倍、举一反三，不会读书的人一本书读下来却可能是腹中空空、毫无心得。

每个人的领悟能力不同，因而智慧的获得也是有快有慢。有的人慢慢地得到智慧，所以读书的方式就更为重要。有的人因为选对了方式，很快就从书中得到智慧，完成人生的修行。读书，是一种最便捷，百利无一害的修行，所以每个人都应该尽可能地选对读书方式，读好书，在修行中充分挖掘自己的潜能。

第二十四章　雅兴雅趣雅生活

给浮躁一剂定心丸

梁实秋先生是一个以优雅著称的学者，他优雅的话语，优雅的文章总能让人心情宁静。有人说梁实秋先生的文章是一杯清心茶，能荡涤人心中的浮躁。而现实中的梁实秋先生，也是主张做人应该踏实而最忌浮躁的。

抗日战争时期，梁实秋滞留在四川成都，当时他所处的环境，可以说与一座“牢狱”没有多大差别，然而他却将其住所取名为“雅舍”，且一住七年。豁达的心胸和踏实的生活态度，在梁实秋先生看来是为自己“减刑”的方法。正是在这样的环境中，梁实秋先生除完成中小学战时教材编写任务外，还创作了《雅舍》等十几篇小品文，翻译了莎士比亚的《亨利四世》等多部外国作品。在为《雅舍小品》作序时，梁实秋先生说：“我非显要，故名公巨卿之照片不得入我室；我非牙医，故无博士文凭张挂壁间。”这些话表达了他对社会各色人等自我炫耀和浮躁之陋习的讥讽，亦有对自我个性的张扬：我自有我的生活方式，我的人生趣味，对他人概不艳羡，亦不模仿。正是这种踏实而不浮躁的生活态度，让困境里的梁实秋先生也能感受到生活的乐趣。

“欲速则不达，见小利则大事不成”“三思而后行”，这是梁实秋先生所提倡的沉稳、含蓄，如同太极拳般心平气和、不急不躁的为人准则。在大学任教期间，他总是劝导他的学生要戒骄戒躁。但是在经济高速发展的今天，我们却总能或多或少地感受到社会的浮躁。

一位朋友曾这样诉说自己的苦闷：“我这一两年一直心神不定，老想出去闯荡一番，总觉得在我们那个破单位待着憋闷得慌。看着别人房子、车子、票子都有了，心里慌啊！以前也做过几笔买卖，都是赔多赚少；我去摸奖，一心想摸成个暴发户，可结果花几千元连个声响都没听着，就没有影了。后来又跳了几家单位，不是这个单位离家太远，就是那个单位专业不对口，再就是待遇不好，反正找个合适的工作太难啊！天天无头苍蝇一般，反正，我心里就是不踏实，闷得慌。”

生活中，常有一些人做事缺少恒心，见异思迁，急功近利，成天无所事事。面对急剧变化的社会，他们对前途毫无信心，心神不宁。浮躁是一种情绪，一种并不可取的生活态度。人浮躁了，会终日处在又忙又烦的应急状态中，脾气会暴躁，神经会紧绷，长久下来，会被生活的急流所挟裹。

其实，静下心来，笑对人生，成功的机会更多。有“石佛”

之称的韩国围棋第一高手李昌镐，他总是以一颗平常心来对待每次对弈，置胜负于度外，平心静气地走好每一步棋。出现劣势时，对手大多有些忙乱，但他依旧毫无表情，纹丝不动，而最终的胜者则常常是他。

在这个瞬息万变的物质世界中，其实人人都可能有过浮躁的心理，也许只是一个念头而已。一念之后，人们还是该做什么就做什么，不会迷失了方向。然而，当浮躁使人失去对自我的准确定位，使人随波逐流、盲目行动时，就会给家人、朋友甚至社会带来一定的危害。淡泊以明志，宁静以致远。有一颗淡泊心、宁静心，人生才会更幸福、更沉着。

忘记不一定是坏事

梁实秋问：人们小小的脑壳，里面究竟能装进多少东西？从出生到暮年，大小事情统统要记一遍。所以人的一生，脑子里挤得密不通风。于是梁实秋说，忘不一定是坏事。能主动彻底地忘，需要上乘的功夫才办得到。

孔子曾经说：“哀公问于孔子曰：‘寡人闻忘之甚者，徙而忘其妻，有诸？’孔子曰：‘此犹未甚者也，甚者乃忘其身。’”徙而忘其妻，不足为训，但是忘其身则颇有道行。人之大患在于有身，能忘其身即是到了忘我的境界。

常听人说，忘恩负义乃是最令人难堪的事之一。其实施恩示义的一方，如果从根本上不记得自己施恩，不在心里留下任何痕迹，那么对方根本也就无恩可忘，无义可负了。所以崔瑗座右铭就是“施人慎勿念，受施慎勿忘”，忘记自己曾经施过的恩惠，便是一件好事。

人生在世，难免会被这样那样的事情所烦扰，学会适当的忘记，不仅能够将烦恼一忘了之，还有益于身心的健康。但是真正的“健忘”却会有诸多不便，给生活带来没有必要的烦扰。所以，“健忘”也要适可而止，在面对烦恼时不妨打开“健忘”的按钮，忘却它，任之自来自去，烦扰也便会消失殆尽！

只要生活在继续，我们就要时刻面临选择：牢记或遗忘。总有一些事情需要我们牢记于心头，而又有另外一些事需要我们忘却于脑后。忘记该忘记的，铭记该铭记的。所以，我们不要为眼前的一点儿小事与人发生龃龉，纠缠不休。懂得如何遗忘，也是一种美德。

人在相处的过程中，既会有温暖的相互抚慰，也会有不愉快的相互摩擦，一个人既可能给你带来伤害，也会给你无私的帮助。在“忘”与“记”两者之间作出正确的选择：很快忘掉不愉快的事情，永远牢记别人的“好”。人之所以为人，就是在“人性”和“兽性”的较量中，“人性”永远占据上风，即使“人性”暂时退却，也必将取得最后的胜利。

忘记不仅能让我们在人际中得到平衡，更能让我们珍惜今天，活在当下。

昨天就像使用过的支票，明天则像还没有发行的债券，只有今天是现金，可以马上使用。今天是我们轻易就可以拥有的财富，无度挥霍和无端错过，都是一种对生命的浪费。活在昨天，活在记忆里毫无益处可言。

这世上再也没有什么能比今天更真实的了。不要回避今天的真实与琐碎，走脚下的路，唱心底的歌，把头顶的阳光编织成五彩的衣裳，遮挡风霜雨雪。每一个日子都向人们敞开，让花朵与微笑回归你疲惫的心灵，让欢乐成为今天的中心。如果有荆棘阻挡你匆匆的脚步，那也是今天最真实的痛苦。只有把握今天，才能让生命感知生活的无边快乐。

往来的是人情，不是礼品

梁实秋不是很喜欢送礼，觉得伤脑筋，又无聊。送礼虽然无聊，但他承认送礼有时还是很有用处的。“礼多人不怪”，多送些礼物，人也是不会怪罪的。所以，他便在《雅舍遗珠》一书中，讨论一下送礼中的学问。

送人情是常有的事，但同时也不是件简单的事情，而且，送人情没有百分之百成功的，只有掌握一定的方法和技巧才能成功。一个能把人情恰到好处送出去的人，绝对是懂得处世艺术、深谙人情道理的人。

通情达理的人大都懂得送人情的艺术和分寸。比如，送什么，送多少，何时送，怎么送，都大有学问。送得恰到好处是人情，送得不当是尴尬；不管是无意中送的人情，还是有意送的人情，都有一个让对方如何感受，如何认识的问题。送人情最重要的不在于你送的情分是否轻，而在于对方感受是否重。所谓“千里送鹅毛，礼轻情义重”说的就是这个道理。通常世人最重视的人情则是雪中送炭，口渴赐水。别小看这“一炭之热”“滴水之恩”，这样的人情可得倾心相送，涌泉相报。

对身处困境的人仅仅有同情之心是不够的，应给以具体的帮助，使其渡过难关。雪中送炭、分忧解难的行为最易引起对方的感激之情，因而形成友情。比如，一个农民做生意赔了本，他向几位朋友借钱，都遭回绝。后来他向一位平时交往不多的乡民伸出求援之手，在他说明情况之后，对方毫不犹豫地借钱给他，帮他渡过难关，他从内心里感激这位乡民。后来，他发达了，依然不忘这借钱的交情，常常给对方以特别的关照。

所以恰到好处送出去的人情才是真正的人情。而要做到恰到好处就要注意一些细节，比如：送人情不要使对方觉得接受你的帮助是一种负担；送人情要送得自自然然，也就是说在当时对方或许无法强烈地感受到，但是日子越久越体会出你对他的关心，能够做到这一步是最理想的；送人情要高高兴兴，不可以心不甘、情不愿的。如果你在帮忙的时候，觉得很勉强，意识里存在着“这是为对方而做”的想法，对方迟早会发现，你的人情也就成了虚情假意，此外，人情要适度，不可过小，也不可过重，过小不足以办事，过重会使人感到自卑乃至厌倦你，这样，便会逐渐疏远你。还有就是不要“自作多情”，因为这时你的人情会让对方感到多余且不可思议，甚至会认为你另有不可告人的隐情与他有关，对方非但不能接受还会内心不安。最后，要把送人情与增进关系融在一起，即通过送人情可以进一步加强双方的亲密关系，而不能让对方感到，这是有求于我，才向我送人情。如此才算是真正的人情高手。